Weil dein Wert in dir selbst liegt

-

Ein inspirierendes Buch für Frauen, gefüllt mit Weisheiten, Gedanken & Zitaten über Selbstliebe, Achtsamkeit, positives Denken & Glück

-

Du bist ein Geschenk

Über die Autorin

Nadine S. Weber ist eine anerkannte Expertin auf dem Gebiet der Selbstliebe, der Achtsamkeit und des positiven Denkens. Ihre Leidenschaft, Frauen dabei zu helfen, ihre innere Stärke zu entdecken und ihren eigenen Wert zu finden, hat sie zu einer führenden Stimme im Bereich der persönlichen Entwicklung gemacht. Als Psychologin hat Nadine jahrelang die menschliche Psyche und ihre Verbindung zum allgemeinen Wohlbefinden studiert. Sie hat ihre Karriere der Aufgabe gewidmet, Frauen dabei zu helfen, sich von negativen Gedanken und Mustern zu befreien und zu lernen, ihren eigenen Wert und ihre Einzigartigkeit anzunehmen. Durch ihre Schriften, Vorträge und persönliches Coaching hat Nadine unzähligen Frauen geholfen, ihr Leben zu verändern und mehr Glück und Erfüllung zu finden. In ihrem Buch "Weil dein Wert in dir selbst liegt: Ein inspirierendes Buch für Frauen voller Weisheit, Gedanken und Zitate über Selbstliebe, Achtsamkeit, positives Denken und Glück" gibt Nadine ihren Wissens- und Erfahrungsschatz weiter und führt die Leserinnen auf eine Reise der Selbstfindung und Selbstermächtigung.

Sie schreibt auf eine sympathische, ehrliche und zugängliche Art und Weise, die dem Leser das Gefühl gibt, in der Gesellschaft eines Freundes zu sein. Mit ihrer inspirierenden Botschaft und ihren praktischen Tipps ermutigt Nadine Frauen, an sich selbst zu glauben und an ihre Fähigkeit, das Leben zu gestalten, das sie sich wirklich wünschen.

Danksagung

Als Autorin von "Weil dein Wert in dir selbst liegt: Ein inspirierendes Buch für Frauen voller Weisheit, Gedanken und Zitate über Selbstliebe, Achtsamkeit, positives Denken und Glück" bin ich voller Dankbarkeit für die Möglichkeit, meine Botschaft von Selbstliebe, Achtsamkeit und positivem Denken mit der Welt zu teilen. Besonders dankbar bin ich für all die Leserinnen und Leser, die sich die Zeit genommen haben, mein Buch zu lesen, und die davon positiv beeinflusst wurden. Eure Geschichten über die positive Veränderung in eurem Leben durch das Buch zu hören, ist die größte Belohnung für meine Arbeit. Ich bin dankbar für die Unterstützung und den Zuspruch meiner Familie und Freunde, die mich bei jedem Schritt auf meinem Weg begleitet haben. Und ich möchte mich ganz besonders bei meinem Verleger und dem Redaktionsteam bedanken, die mir geholfen haben, dieses Buch zum Leben zu erwecken. Das Schreiben dieses Buches war eine unglaublich erfüllende Erfahrung und ich fühle mich geehrt, dass ich die Möglichkeit habe, zum persönlichen Wachstum und Glück von Frauen auf der ganzen Welt beizutragen. Ich danke dir, dass du dieses Buch liest und mir erlaubst, ein Teil deiner Reise zu Selbstliebe, Achtsamkeit und positivem Denken zu sein.

Selbstliebe

Selbstliebe ist die Grundlage für ein gesundes und erfülltes Leben. Sie bedeutet, sich selbst wertzuschätzen und zu pflegen und sich selbst mit der gleichen Freundlichkeit, dem gleichen Mitgefühl und dem gleichen Respekt zu behandeln, den man auch anderen entgegenbringen würde. Sie ist ein wesentlicher Bestandteil der Selbstfürsorge und notwendig für unser allgemeines Wohlbefinden und Glück.

Selbstliebe ist jedoch nicht immer einfach. Sie erfordert, dass wir negative Selbstüberzeugungen und Muster der Selbstsabotage hinterfragen und ein Gefühl der Selbstakzeptanz und des Selbstwerts kultivieren. Es ist eine Reise, die Zeit und Mühe erfordert, aber sie ist es wert, denn sie kann tiefgreifende Veränderungen und Heilung bewirken.

Eine Möglichkeit, Selbstliebe zu praktizieren, ist die Selbstfürsorge. Dazu gehört, sich um unsere körperlichen, geistigen und emotionalen Bedürfnisse zu kümmern. Dazu gehören Aktivitäten wie ausreichend Schlaf, regelmäßiger Sport, eine gesunde Ernährung und Aktivitäten, die uns Freude und Entspannung bringen. Es ist auch wichtig, Grenzen zu setzen und Nein zu sagen zu Dingen, die nicht mit unseren Werten und unserem Wohlbefinden übereinstimmen.

Eine weitere Möglichkeit, Selbstliebe zu praktizieren, besteht darin, negative Selbstüberzeugungen und Muster der Selbstsabotage zu hinterfragen. Dazu müssen wir uns unseres inneren Kritikers bewusst werden und lernen, negative Gedanken über uns selbst zu erkennen und zu hinterfragen. Es ist wichtig, sich in Selbstmitgefühl zu üben und mit Freundlichkeit und Verständnis zu uns selbst zu sprechen, so wie wir es mit einem Freund tun würden.

Außerdem ist es wichtig, ein Gefühl der Selbstakzeptanz und des Selbstwerts zu entwickeln. Dazu gehört, dass wir unsere Stärken und Schwächen anerkennen und lernen, uns so zu lieben und zu akzeptieren, wie wir sind. Dabei geht es nicht um Perfektion, sondern darum, unsere Menschlichkeit zu erkennen und anzunehmen.

Zusammenfassend lässt sich sagen, dass Selbstliebe die Grundlage für ein gesundes und erfülltes Leben ist. Dazu gehört, dass wir uns selbst wertschätzen und pflegen und uns selbst mit Freundlichkeit, Mitgefühl und Respekt behandeln. Sie erfordert, dass wir negative Selbstüberzeugungen und Muster der Selbstsabotage hinterfragen und ein Gefühl der Selbstakzeptanz und des Selbstwerts kultivieren. Es ist eine Reise, die Zeit und Mühe erfordert, aber sie ist es wert, denn sie kann tiefgreifende Veränderungen und Heilung bewirken.

In diesem Kapitel werden wir das Konzept der Selbstliebe näher beleuchten und dabei Erkenntnisse und Weisheiten verschiedener berühmter Persönlichkeiten nutzen, die über die Bedeutung der Selbstliebe gesprochen haben. Von den Worten Madonna bis hin zu den Lehren des Dalai Lamas werden wir die vielen Facetten der Selbstliebe beleuchten und aufzeigen, wie sie unser Leben verändern und heilen kann.

"I'm tough, I'm ambitious, and I know exactly what I want. If that makes me a bitch, okay." – Madonna

"Ich bin hart, ich bin ehrgeizig und ich weiß genau, was ich will. Wenn mich das zu einer Schlampe macht, okay." - Madonna

Diese Worte von Madonna erinnern uns eindringlich daran, dass wir uns niemals dafür entschuldigen sollten, stark, zielstrebig und entschlossen zu sein. Allzu oft versucht die Gesellschaft, Frauen dafür zu beschämen, dass sie ehrgeizig und durchsetzungsfähig sind, aber wir sollten uns von diesen negativen Bezeichnungen nicht aufhalten lassen.

Als Frauen haben wir das Recht, unsere Ziele und Träume mit ganzer Kraft zu verfolgen. Wir haben das Recht, hart zu sein, ehrgeizig zu sein und genau zu wissen, was wir wollen. Und wenn das bedeutet, dass wir von denen, die unsere Stärke und Entschlossenheit nicht verstehen oder zu schätzen wissen, als "Schlampe" abgestempelt werden, dann ist das eben so.

Aber um es klar zu sagen: Hart und ehrgeizig zu sein, macht uns nicht zu "Schlampen". Es macht uns zu Frauen, die ihren Wert kennen und keine Angst haben, das zu erreichen, was sie wollen. Es macht uns zu Frauen, die keine Angst davor haben, den Status quo herauszufordern und unseren eigenen Weg zu gehen.

Also lasst uns unsere Stärke und unseren Ehrgeiz annehmen und uns davon beflügeln lassen, wenn wir unsere Träume verfolgen und etwas in der Welt bewegen wollen. Erinnern wir uns daran, dass wir stark sind, dass wir fähig sind und dass wir all das wert sind, was wir uns wünschen. Und wir sollten uns niemals dafür entschuldigen, dass wir genau so sind, wie wir sind.

Du bist eine starke und fähige Frau und hast alles in dir, was du brauchst, um deine Ziele zu erreichen und etwas in der Welt zu bewirken. Also geh raus und verfolge deine Träume mit aller Kraft und lass dir von niemandem sagen, dass du das nicht kannst. Du bist eine Kraft, mit der man rechnen muss, und die Welt braucht deine einzigartigen Talente und Perspektiven. Also halte dich nicht zurück - geh raus und mach dir einen Namen.

"At fifty-four, I am still in progress, and I hope that I always will be." – Michelle Obama

"Mit vierundfünfzig bin ich immer noch in der Entwicklung, und ich hoffe, dass ich das immer sein werde." – Michelle Obama

Michelle Obamas Worte erinnern uns daran, dass Wachstum und Selbstverbesserung kontinuierliche Prozesse sind und dass es nie zu spät ist, daran zu arbeiten, die beste Version von uns selbst zu werden.

Als Frau ist es ganz natürlich, dass man Momente des Zweifels und der Unsicherheit hat. Aber es ist wichtig, sich daran zu erinnern, dass wir uns alle ständig weiterentwickeln und wachsen, und dass es nie zu spät ist, daran zu arbeiten, die Person zu werden, die wir sein wollen.

Lass dich von Michelle Obamas Worten inspirieren und mach dir klar, dass wir alle noch in der Entwicklung sind. Habt keine Angst, Risiken einzugehen und neue Dinge auszuprobieren, auch wenn sie außerhalb eurer Komfortzone liegen. Denke daran, dass

Wachstum und persönliche Entwicklung nicht immer einfach sind, aber sie sind die Mühe wert.

Also ergreife die Chance und investiere in dich. Setze dir Ziele, arbeite darauf hin und höre nie auf, die beste Version deiner selbst zu werden. Du bist in der Lage, Großes zu erreichen und einen positiven Einfluss auf die Welt zu nehmen. Lass dich nicht von Angst oder Selbstzweifeln zurückhalten. Bekenne dich zu deiner Stärke und Entschlossenheit und habe keine Angst, deine Ziele zu verfolgen.

"We must believe that we are gifted for something and that this thing must be attained." – Marie Curie

"Wir müssen daran glauben, dass wir für etwas begabt sind und dass diese Sache erreicht werden muss." – Marie Curie

Diese Worte von Marie Curie, der berühmten Wissenschaftlerin und zweifachen Nobelpreisträgerin, erinnern uns an unser Potenzial und daran, wie wichtig es ist, nach unseren Zielen zu streben.

Du bist begabt. Dir wurden einzigartige Talente, Fähigkeiten und Fertigkeiten mitgegeben, die dich von anderen unterscheiden. Es liegt an dir, diese Gaben zu entdecken und zu verfeinern, sie zu nutzen und etwas in der Welt zu bewirken.

Ich weiß, dass es leicht sein kann, sich in Selbstzweifeln zu verstricken und unseren Wert und unsere Fähigkeiten in Frage zu stellen. Aber denk daran, dass du die Macht hast, Großes zu erreichen. Du hast das Potenzial, einen positiven Einfluss auf deine Mitmenschen zu haben und zum Allgemeinwohl beizutragen.

Lass dich also nicht von Ängsten oder Unsicherheiten zurückhalten. Glaube an dich und deine Fähigkeiten. Geh Risiken ein, nimm Herausforderungen an und verfolge deine Leidenschaften mit Entschlossenheit und Ausdauer. Es mag nicht einfach sein, aber die Belohnung für ein erfülltes und sinnvolles Leben ist es wert.

Du bist in der Lage, deine Träume zu verwirklichen und dein volles Potenzial auszuschöpfen. Also, gib nicht auf. Mach weiter und glaube daran, dass du für etwas Großes begabt bist.

“Self love has very little to do with how you feel about your outer self. It’s about accepting all of yourself.” – Tyra Banks

"Selbstliebe hat sehr wenig damit zu tun, wie du über dein äußeres Selbst denkst. Es geht darum, sich selbst in seiner Gesamtheit zu akzeptieren." - Tyra Banks

Heute möchte ich mit dir über die Bedeutung der Selbstliebe sprechen. Unsere Gesellschaft konzentriert sich oft auf Äußerlichkeiten und wir vergessen oft, wie wichtig es ist, uns von innen heraus zu lieben. Tyra Banks sagte einmal: "Selbstliebe hat wenig damit zu tun, wie du über dein Äußeres denkst. Es geht darum, sich selbst in seiner Gesamtheit zu akzeptieren."

Wenn du lernst, dich selbst zu akzeptieren und zu lieben, wirst du ein Gefühl von innerem Frieden, Zufriedenheit und Freude erlangen, dass dir kein äußerer Faktor geben kann. Bei der Selbstliebe geht es nicht darum, Bestätigung von außen zu suchen oder dich mit anderen zu vergleichen, sondern darum, alles anzunehmen, was du bist.

Der erste Schritt zur Selbstliebe besteht darin, freundlich zu dir selbst zu sein. Wir alle machen Fehler, und das ist in Ordnung. Anstatt dich für deine Fehler zu bestrafen, solltest du Verständnis aufbringen und mit dir selbst mitfühlend sein. Du tust das Beste, was du kannst.

Ein weiterer wichtiger Bestandteil der Selbstliebe ist es, sich auf das Positive zu konzentrieren und die guten Seiten an dir zu feiern. Finde etwas, das du an dir liebst und konzentriere dich darauf. Das kann deine Intelligenz, deine Kreativität, deine Stärke, deine Freundlichkeit oder dein Sinn für Humor sein. Wenn du deine guten Eigenschaften erkennst, wirst du dich selbst mehr zu schätzen wissen und mehr Vertrauen in dich selbst haben.

Nimm dir endlich Zeit für dich selbst, um die Dinge zu tun, die dich glücklich machen. Verbringe Zeit mit deinen Freunden, gehe im Park spazieren, gönne dir eine Massage, höre deine Lieblingsmusik oder lese ein Buch - was immer dir hilft, dich zu entspannen und das Leben zu genießen.

Selbstliebe ist nicht einfach, aber sie ist es wert. Wenn du lernst, dich selbst zu akzeptieren und zu lieben, kannst du ein starkes Fundament für ein glückliches und erfülltes Leben schaffen. Fang heute an und mach die Selbstliebe zu einer Priorität. Du wirst es nicht bereuen.

“You’ve been criticising yourself for years and it hasn’t worked. Try approving of yourself and see what happens.” – Louise Hay

"Du kritisierst dich schon seit Jahren und es hat nicht funktioniert. Versuche, dich selbst anzuerkennen und schau, was passiert." - Louise Hay

Im Alltag kann es schwer sein, an sich selbst zu glauben, vor allem, wenn du so lange zu hart mit dir selbst umgegangen bist. Vielleicht warst du selbst dein größter Kritiker und hast geglaubt, dass du nicht gut genug bist oder das Versagen unvermeidlich ist. Aber es ist an der Zeit, wieder an dich und dein Potenzial zu glauben. Es ist an der Zeit, dass du dich selbst anerkennst.

Die Worte von Louise Hay: "Du kritisierst dich seit Jahren und es hat nicht funktioniert. Versuche, dich selbst anzuerkennen und sieh, was passiert", sind eine Erinnerung daran, dass es an der Zeit ist, nicht mehr so hart mit dir umzugehen. Es ist an der Zeit, an dich selbst zu glauben und dir selbst das gleiche Mitgefühl und die gleiche Freundlichkeit entgegenzubringen, die du anderen entgegenbringst.

Es ist an der Zeit, daran zu glauben, dass du in der Lage bist, deine Ziele zu erreichen und das Leben zu leben, das du verdienst. Es ist an der Zeit zu erkennen, dass du die Kraft und das Durchhaltevermögen hast, jede Herausforderung zu meistern, die sich dir in den Weg stellt. Es ist an der Zeit, daran zu glauben, dass du das Potenzial hast, alles zu erreichen, was du dir vornimmst.

Wenn du anfängst, dich selbst anzuerkennen, wirst du feststellen, dass dein Selbstvertrauen in die Höhe schießt. Du wirst dich kraftvoll und fähig fühlen, es mit der Welt aufzunehmen und alles zu erreichen, was du dir vornimmst. Du wirst dich lebendiger und dynamischer fühlen, wenn du die Person, die du bist, und dein Potenzial für Großartiges annimmst.

Sei also heute nett zu dir selbst. Fang an, an dich und dein Potenzial zu glauben. Fang an, dich selbst zu akzeptieren und schau, was passiert. Du wirst überrascht sein, welche positiven Veränderungen sich in deinem Leben ergeben.

"If you can learn to love yourself and all the flaws, you can love other people so much better. And that makes you so happy." – Kristin Chenoweth

"Wenn du lernst, dich selbst mit all deinen Fehlern zu lieben, kannst du andere Menschen viel besser lieben. Und das macht dich so glücklich." - Kristin Chenoweth

Als Frau ist es so einfach, in die Falle des negativen Denkens und der Selbstzweifel zu tappen. Wir werden ständig mit unmöglichen Standards für Schönheit, Intelligenz und Erfolg bombardiert. Es kann schwierig sein, positiv zu denken und Selbstvertrauen zu haben, wenn die Gesellschaft uns sagt, dass wir nicht gut genug sind.

Es ist jedoch wichtig, dass wir unsere innere Stärke und unseren Wert erkennen und lernen, uns selbst zu lieben. Selbstliebe ist die Grundlage für alle anderen Formen der Liebe und der Schlüssel zum wahren Glück.

Wenn wir uns selbst lieben, können wir anderen gegenüber freundlich und verständnisvoll sein. Wenn wir uns selbst und unsere Schwächen akzeptieren, können wir auch andere so akzeptieren und schätzen, wie sie sind. Wenn wir lernen, uns selbst zu lieben, gewinnen wir die Fähigkeit, Liebe freier und tiefer zu geben und zu empfangen.

Sich selbst lieben zu lernen ist ein fortlaufender Prozess, der Zeit, Mühe und Geduld erfordert. Fang klein an, indem du dir jeden Tag Zeit nimmst, etwas für dich zu tun. Das kann ein einfacher Akt der Selbstfürsorge sein, wie z.B. ein warmes Bad zu nehmen oder dein Lieblingsbuch zu lesen. Finde Aktivitäten, die dir helfen, mit dir selbst in Kontakt zu kommen und die dir Freude bereiten.

Übe dich in positiven Selbstgesprächen und umgebe dich mit Menschen, die dir ein gutes Gefühl für dich geben. Wenn du anfängst, dich selbst zu lieben und zu akzeptieren, wirst du mehr Vertrauen in deine Fähigkeiten haben und dich in deinen Beziehungen sicherer fühlen.

Es ist nicht leicht zu lernen, uns selbst zu lieben, aber es ist die Mühe wert. Wenn wir lernen, uns selbst zu lieben, öffnen wir unser Herz, um zu lieben und geliebt zu werden. Wie Kristin Chenoweth sagte: "Wenn du lernst, dich selbst mit all deinen Fehlern zu lieben, kannst du andere Menschen viel besser lieben. Und das macht dich so glücklich."

“How you love yourself is how you teach others to love you” – Rupi Kaur

"Wie du dich selbst liebst, so lehrst du andere, dich zu lieben" - Rupi Kaur

Wie du als Frau dich selbst liebst, ist ein starkes Statement für die Welt um dich herum. Sie gibt den Ton an, wie andere dich behandeln und wie du respektiert wirst. Das Zitat von Rupi Kaur erinnert dich daran, dass du entscheiden kannst, wie du behandelt wirst.

Selbstliebe ist keine einmalige Sache. Sie ist ein Prozess, der Engagement und beständige Anstrengung erfordert. Es beginnt mit kleinen, täglichen Schritten. Sieh zu, dass du dir jeden Tag Zeit für dich nimmst. Tu etwas, das dir Freude macht. Achte darauf, dass du auf deine innere Stimme hörst und deine Gefühle respektierst. Übe dich in Selbstfürsorge und nähre dich.

Deine Selbstliebe ist ein Spiegelbild deiner einzigartigen Identität, deiner Werte und deines Glaubens. Achte darauf, dich mit Menschen zu umgeben, die dich aufrichten und unterstützen. Hab keine Angst, für dich selbst zu sprechen und für das einzutreten, woran du glaubst.

Am wichtigsten ist, dass du nett zu dir selbst bist. Wir sind alle Menschen, und es ist in Ordnung, Fehler zu machen. Hör auf, perfekt sein zu wollen und konzentriere dich auf die Fortschritte, die du machst. Feiere deine Siege und zolle dir selbst Anerkennung dafür, wie weit du gekommen bist.

Wenn du dich selbst liebst, sendest du der Welt eine starke Botschaft. Du gibst das Bedürfnis auf, von anderen akzeptiert zu werden, und akzeptierst und umarmst stattdessen dich selbst. Du zeigst damit, dass du Liebe, Respekt und Freundlichkeit verdient hast. Du zeigst anderen, wie sie dich lieben können.

“When a woman becomes her own best friend, life is easier.” – Diane Von Furstenberg

"Wenn eine Frau ihre eigene beste Freundin wird, ist das Leben einfacher." - Diane Von Furstenberg

Das Zitat von Diane Von Furstenberg ist ein Zitat, an das sich Frauen überall erinnern sollten. Du bist dein eigener bester Freund. Das bedeutet, dass du der Einzige bist, der dich und deine Bedürfnisse wirklich versteht. Wenn du dein eigener bester Freund wirst, wird das Leben so viel einfacher werden.

Es ist leicht, es allen um dich herum recht zu machen und den Erwartungen anderer gerecht zu werden. Aber es ist wichtig, sich daran zu erinnern, dass die einzige Person, die du glücklich machen musst, du selbst bist. Es ist in Ordnung, wenn du dich zuerst um dich selbst kümmerst und Entscheidungen triffst, die das Beste für dich sind, auch wenn das bedeutet, dass du zu etwas Nein sagst, das jemand anderes möchte.

Wenn du dein eigener bester Freund wirst, wirst du deinen eigenen Wert erkennen. Das gibt dir das Selbstvertrauen, das du brauchst, um alles zu meistern, was das Leben dir vorsetzt. Du wirst keine Angst mehr haben, deine Meinung zu sagen, dich zu behaupten und Risiken einzugehen. Du wirst anfangen, dir selbst zu vertrauen und lernen, dein Leben so zu leben, wie du es willst.

Es ist vielleicht nicht leicht, dein bester Freund zu werden, aber es ist möglich. Beginne damit, all deine großartigen Qualitäten zu erkennen und zu begreifen, dass du es wert bist, geliebt und respektiert zu werden. Fordere dich selbst heraus, Risiken einzugehen und mehr Vertrauen in deine Entscheidungen zu haben. Umgib dich mit Menschen, die dich ermutigen und unterstützen und dir helfen, die beste Version von dir selbst zu werden.

Es lohnt sich, die Reise zu deinem besten Freund anzutreten. Du wirst erstaunt sein über die vielen positiven Veränderungen, die sich einstellen, wenn du dich selbst und deine einzigartigen Qualitäten annimmst. Das Leben wird einfacher, erfüllender und angenehmer, wenn du dein eigener bester Freund wirst.

“It’s all about confidence and how you feel about yourself. There’s no such thing as a perfect woman. I like imperfections – that’s what makes you unique.” – Hayley Hasselhoff

"Es geht um Selbstvertrauen und darum, wie du dich selbst fühlst. Eine perfekte Frau gibt es nicht. Ich mag Unvollkommenheiten - das macht dich einzigartig." - Hayley Hasselhoff

Es ist leicht, sich von den Erwartungen der Außenwelt gefangen nehmen zu lassen, und der Druck, auf eine bestimmte Art und Weise auszusehen, zu handeln und perfekt zu sein, kann überwältigend sein. Aber du musst das nicht zulassen. Du kannst dich stattdessen für Selbstvertrauen entscheiden und deine einzigartigen Unvollkommenheiten anerkennen.

Es ist nicht immer leicht, Selbstvertrauen zu finden, vor allem, wenn die Welt um dich herum ständig versucht, dir zu sagen, dass du nicht gut genug bist. Aber du musst das nicht glauben. Du kannst dich dafür entscheiden, dich so zu lieben, wie du bist, mit all deinen Fehlern.

Nimm dir Zeit für dich und konzentriere dich auf die Dinge, die dich einzigartig machen. Nimm dir Zeit für dich und konzentriere dich auf das, was dich einzigartig macht: deine Leidenschaften, deine Macken und die Dinge, die dich von der Masse abheben. Glaube an deine eigene Kraft und Schönheit und lass dir von niemandem etwas anderes einreden.

Wenn du dich selbstbewusst fühlst, wirst du in der Lage sein, für dich selbst einzustehen, selbst wenn du kritisiert oder verurteilt wirst. Du wirst in der Lage sein, Risiken einzugehen, deine Meinung zu sagen und deiner Stimme Gehör zu verschaffen. Du wirst in der Lage sein, deine Träume zu verfolgen, ohne Angst vor dem Scheitern zu haben.

Vergiss also nicht, dass es die perfekte Frau nicht gibt. Nimm deine Unvollkommenheiten an und sei selbstbewusst. Du bist schön und stark, so wie du bist.

“I was always looking outside myself for strength and confidence but it comes from within. It is there all the time.” – Anna Freud

"Ich habe immer außerhalb von mir nach Stärke und Selbstvertrauen gesucht, aber es kommt von innen. Es ist die ganze Zeit da." - Anna Freud

Als Anna Freud sagte: "Ich habe immer außerhalb von mir nach Stärke und Selbstvertrauen gesucht, aber es kommt von innen. Es ist die ganze Zeit da". Du bist diejenige, die die Kraft in sich trägt, ihre eigene Quelle der Stärke und des Vertrauens zu sein.

Du kannst deine eigene Quelle der Stärke und Zuversicht sein, auch wenn es scheint, dass die Welt gegen dich ist. Du kannst diejenige sein, die aufsteht, sich ihren Ängsten und Zweifeln stellt und sich selbst zeigt, dass sie in der Lage ist, stark und leistungsfähig zu sein.

Die Kraft in dir ist größer als alles andere. Du kannst das Licht sein, das durch all die Dunkelheit scheint, die Stimme, die sich gegen Ungerechtigkeit ausspricht, und das Leuchtfeuer der Hoffnung in einer

Welt der Verzweiflung. Du kannst diejenige sein, die an sich selbst glaubt und für das Richtige eintritt, auch wenn es schwierig ist.

Du hast die Kraft in dir, jedes Hindernis, jede Herausforderung oder Schwierigkeit zu überwinden und der Mensch zu werden, der du sein willst. Egal, was das Leben dir vorwirft, du kannst derjenige sein, die aufrecht steht und sich den Dingen stellt. Du kannst diejenige sein, die den Mut in sich findet, weiterzumachen und niemals aufgibt.

Du hast die Kraft in dir, deine eigene Quelle der Stärke und Zuversicht zu sein. Egal, was das Leben dir vor die Füße wirft, du kannst diejenige sein, die aufsteht und sich dem mit Mut und Ausdauer stellt. Du hast die Kraft in dir, deine eigene Quelle der Stärke und Zuversicht zu sein.

“The person I am today would like to thank the person I was 5 years ago for not giving up. You’re awesome!” – Iva Ursano

"Die Person, die ich heute bin, möchte der Person, die ich vor 5 Jahren war, dafür danken, dass sie nicht aufgegeben hat. Du bist großartig!"
- Iva Ursano

Die Kraft der Selbstliebe ist eine Reise, und ich bin hier, um dir zu sagen, dass du nicht allein bist. Vor fünf Jahren warst du an einem Punkt, an dem du das Gefühl hattest, die Welt sei gegen dich. Du wolltest aufgeben und das Handtuch werfen, aber dann sagte etwas in dir "Nein". Du hast die Entscheidung getroffen, weiterzumachen, und dazu gratuliere ich dir!

Heute bist du so weit gekommen. Du hast an Stärke und Mut gewonnen und bist jetzt bereit, es mit der Welt aufzunehmen. Du hast so viel erreicht und du hast noch so viel vor dir.

Nimm dir einen Moment Zeit, um innezuhalten und all das zu würdigen, was du in den letzten fünf Jahren getan hast. Du hast dir selbst gezeigt, dass du alles erreichen kannst, was du dir vornimmst. Du hast dich entschieden, die beste Version von dir selbst zu sein, und darauf kannst du stolz sein.

Ergreife die Chance, die sich dir bietet. Glaube an dich selbst und habe keine Angst, Risiken einzugehen. Du bist stark und mutig, und du hast die Fähigkeit, deine Träume zu verwirklichen.

Du hast hart gearbeitet und verdienst es, belohnt zu werden. Feiere deine Erfolge und scheue dich nicht, dir selbst auf die Schulter zu klopfen. Genieße die Reise und sei stolz auf das, was du erreicht hast.

Deine liebste Freundin, die Person, die du heute bist, ist ein Spiegelbild der Person, die du vor fünf Jahren warst. Du hast es so weit gebracht und du solltest stolz auf alles sein, was du erreicht hast. Du hast bewiesen, dass du widerstandsfähig bist und dass du niemals aufgeben wirst.

Danke dir selbst dafür, dass du durchhältst und nicht aufgibst. Du hast es geschafft, und du bist großartig!

"If you don't love yourself, you cannot love others. You will not be able to love others. If you have no compassion for yourself then you are not able of developing compassion for others." - Dalai Lama

"Wenn du dich selbst nicht liebst, kannst du auch andere nicht lieben. Du wirst nicht in der Lage sein, andere zu lieben. Wenn du kein Mitgefühl für dich selbst hast, bist du nicht in der Lage, Mitgefühl für andere zu entwickeln." - Dalai Lama

Du bist wunderschön, würdig und verdienst Liebe und Mitgefühl, nicht nur von anderen, sondern auch von dir selbst. Nur wenn wir in der Lage sind, uns selbst zu lieben und für uns zu sorgen, können wir auch andere wirklich lieben und für sie sorgen.

Selbstliebe und Selbstmitgefühl sind wichtig für unser Wohlbefinden und unser Glück. Sie ermöglichen es uns, uns selbst gegenüber freundlich und verständnisvoll zu sein, auch wenn wir Fehler machen oder vor Herausforderungen stehen. Sie geben uns die Kraft und das Durchhaltevermögen, um voranzukommen und aus unseren Erfahrungen zu lernen und zu wachsen.

Aber allzu oft sind wir unsere eigenen schlimmsten Kritiker. Wir legen unmögliche Maßstäbe an uns selbst an und machen uns Vorwürfe, wenn wir nicht mithalten können. Wir vergleichen uns mit anderen und fühlen uns unzulänglich. Wir ignorieren unsere eigenen Gefühle und Bedürfnisse und stellen die der anderen über unsere eigenen.

Es ist an der Zeit, das zu ändern. Es ist an der Zeit, dich selbst mit der gleichen Freundlichkeit und dem gleichen Mitgefühl zu behandeln, das du einem lieben Freund entgegenbringen würdest. Es ist an der Zeit, dich so zu lieben, wie du bist.

Das bedeutet nicht, dass du deine Fehler oder Schwächen ignorieren sollst. Es bedeutet, dass du sie als einen Teil von dir akzeptierst und auf sanfte und mitfühlende Weise an ihnen arbeitest. Es bedeutet, dass du dich um dich selbst kümmerst, sowohl körperlich als auch seelisch. Es bedeutet, gesunde Grenzen zu setzen und nein zu sagen, wenn es nötig ist. Es bedeutet, geduldig und verständnisvoll mit dir selbst zu sein und dir die Zeit und den Raum zu geben, zu wachsen und zu lernen.

Es ist nicht leicht, sich selbst zu lieben, vor allem, wenn die Welt uns sagt, dass wir jemand anderes sein sollen. Aber es ist das Wichtigste, was du für dich selbst und für dein Umfeld tun kannst. Fang also heute an. Sei nett zu dir selbst. Behandle dich mit Respekt und Mitgefühl. Und vor allem: Denke daran, dass du geliebt wirst, so wie du bist.

Achtsamkeit

Achtsamkeit ist die Praxis, die Aufmerksamkeit auf den gegenwärtigen Moment zu richten und sich ganz auf die Erfahrung einzulassen, ohne zu urteilen. Es geht darum, den eigenen Gedanken und Gefühlen reaktionslos Aufmerksamkeit zu schenken und ein Gefühl der Neugier und Offenheit ihnen gegenüber zu kultivieren.

Die Vorteile der Achtsamkeit sind gut dokumentiert und umfassen eine verbesserte geistige und körperliche Gesundheit, eine höhere Widerstandsfähigkeit und emotionale Regulierung sowie eine bessere Konzentration und Produktivität. Achtsamkeit ist ein einfaches, aber wirkungsvolles Werkzeug, das durch Achtsamkeitsmeditation, Yoga und andere achtsame Aktivitäten in das tägliche Leben integriert werden kann.

Achtsamkeitsmeditation ist eine beliebte Methode, um Achtsamkeit zu praktizieren. Dabei sitzt man in einer bequemen Position, konzentriert sich auf seinen Atem und lenkt seine Aufmerksamkeit zurück in den gegenwärtigen Moment, wenn sie abschweift. Sie kann schon nach ein paar Minuten am Tag und in jeder Umgebung praktiziert werden. Es gibt viele verschiedene Achtsamkeitsmeditationstechniken, von denen jede ihren eigenen Fokus und Nutzen hat.

Yoga ist eine weitere Aktivität, die Achtsamkeit kultivieren kann. Dabei werden Körperhaltungen (Asanas) eingenommen und der Fokus auf den Atem und den gegenwärtigen Moment gerichtet. Die Kombination aus körperlicher Bewegung und Achtsamkeit kann helfen, Stress abzubauen und die Entspannung zu fördern.

Achtsamkeit kann auch bei alltäglichen Aktivitäten geübt werden, z. B. beim Essen, Gehen oder sogar beim Duschen. Indem man seine volle Aufmerksamkeit auf den gegenwärtigen Moment und die Erfahrung der Tätigkeit lenkt, wird sie zu einer Achtsamkeitspraxis an und für sich.

Es ist wichtig zu wissen, dass es bei der Achtsamkeit nicht darum geht, einen bestimmten Geisteszustand zu erreichen oder negative Gedanken und Gefühle loszuwerden. Vielmehr geht es darum, ein größeres Bewusstsein für die eigenen Gedanken und Gefühle zu entwickeln und zu lernen, auf eine gesunde Art und Weise mit ihnen umzugehen. Das kann manchmal eine Herausforderung sein, und es ist normal, dass man während der Achtsamkeitspraxis Schwierigkeiten hat. Es ist wichtig, der Achtsamkeit mit Mitgefühl und Geduld zu begegnen und sich daran zu erinnern, dass sie eine Reise und kein Ziel ist.

Zusammenfassend lässt sich sagen, dass Achtsamkeit ein mächtiges Werkzeug ist, das das geistige und körperliche Wohlbefinden verbessern, die Widerstandsfähigkeit und die emotionale Regulierung erhöhen und die Konzentration und Produktivität steigern kann. Sie kann durch Achtsamkeitsmeditation, Yoga und andere achtsame Aktivitäten geübt und auf vielfältige Weise in das tägliche Leben integriert werden. Indem wir unsere Aufmerksamkeit auf den gegenwärtigen Moment lenken und uns ganz auf die Erfahrung einlassen, ohne zu urteilen, können wir ein größeres Bewusstsein und Wohlbefinden entwickeln.

"If it's out of your hands, it deserves freedom from your mind too." – Ivan Nuru

"Wenn es nicht mehr in deinen Händen liegt, sollte es auch nicht mehr in deinem Kopf sein." - Ivan Nuru

Es ist oft schwierig, die Gedanken und den Stress loszulassen, die mit einer Situation einhergehen, die sich unserer Kontrolle entzieht. Wir können leicht von einem Gefühl der Hilflosigkeit überwältigt werden und in einem Kreislauf aus Sorgen und übermäßigem Nachdenken feststecken. Wenn das passiert, kann es schwer sein, sich daran zu erinnern, dass unser Geist wertvoll ist und wir ihn von der Last dessen befreien können, was wir nicht kontrollieren können.

Als Frau ist es wichtig, unsere eigene Macht zu erkennen und uns die Freiheit zu geben, unsere Energie auf das zu konzentrieren, was wir kontrollieren können. Dazu müssen wir zunächst erkennen und akzeptieren, dass wir auf manche Dinge einfach keinen Einfluss haben. Es ist in Ordnung, anzuerkennen, dass wir nicht perfekt sind und dass wir auf manche Umstände keinen Einfluss haben.

Sobald wir akzeptieren, dass einige Dinge außerhalb unserer Macht liegen, können wir anfangen, uns vorwärts zu bewegen. Wir können diese neu gewonnene Freiheit nutzen, um uns auf die Aspekte unseres Lebens zu konzentrieren, die wir kontrollieren können, und unsere Denkweise auf diese Aspekte auszurichten. Wir können uns auf das konzentrieren, was in unserer Macht steht, statt auf das, was nicht in unserer Macht steht, und unsere Energie auf das Erreichen unserer Ziele richten.

Die Fähigkeit, zu erkennen, was außerhalb unserer Kontrolle liegt, und unseren Geist davon zu befreien, sich darüber Sorgen zu machen, ist eine starke Form der Selbstfürsorge. Wenn wir in der Lage sind, loszulassen, was nicht in unserer Hand liegt, können wir unsere Energie auf unsere Ziele und die Dinge richten, die uns wichtig sind. Wir können unsere Macht zurückgewinnen und uns auf die Dinge konzentrieren, die wir kontrollieren können, und mit neuer Energie und Zielstrebigkeit vorwärts gehen.

Das Zitat "Wenn es nicht in deiner Hand liegt, sollte es auch nicht in deinem Kopf sein" zeigt, wie wichtig es ist, uns die Freiheit zu geben, uns auf das zu konzentrieren, was wir kontrollieren können. Es ist eine

Aufforderung, zu erkennen und zu akzeptieren, dass es in Ordnung ist, nicht alle Antworten zu haben, und uns von der Last zu befreien, uns um das zu sorgen, was nicht in unserer Macht liegt. Es ist eine Erinnerung daran, unsere Macht zurückzuerobern und sie zu nutzen, um uns auf das zu konzentrieren, was wir tun können, und um unsere Ziele mit größerer Klarheit und Zielstrebigkeit zu verfolgen.

"We cannot become what we want by remaining what we are." – Max Depree

"Wir können nicht werden, was wir wollen, wenn wir bleiben, was wir sind." - Max Depree

Dieses Zitat ist eine starke Erinnerung daran, dass es an uns liegt, das Leben zu gestalten, das wir wollen. Du hast die Macht, dein eigenes Schicksal zu gestalten, und du bist in der Lage, sinnvolle Veränderungen in deinem Leben vorzunehmen. Als Frau hast du die Macht, die Welt positiv zu beeinflussen und ein dauerhaftes Vermächtnis zu hinterlassen.

Es ist an der Zeit, deine Zukunft selbst in die Hand zu nehmen und dein Potenzial auszuschöpfen. Es ist an der Zeit, Risiken einzugehen, deine Komfortzone zu verlassen und eine neue Version von dir selbst zu entwickeln. Es ist an der Zeit, dich auf deine Entwicklung zu konzentrieren, an deinen Fähigkeiten zu feilen und deine Ziele zu erreichen.

Du hast die Macht, etwas in der Welt zu bewegen, also nutze sie. Hab keine Angst, Fehler zu machen oder Risiken einzugehen. Hab keine Angst, etwas Neues auszuprobieren oder aus deiner Komfortzone herauszutreten. Sei mutig und furchtlos in deinen Bestrebungen.

Es ist an der Zeit, die Kontrolle über dein Leben zu übernehmen und die Zukunft zu gestalten, die du dir wünschst. Glaube an dich und deine Fähigkeiten und du wirst erstaunt sein, was du alles erreichen kannst. Hab keine Angst, den Sprung zu wagen und vertraue auf deine Instinkte.

Es ist an der Zeit, mit dem Träumen aufzuhören und mit dem Tun zu beginnen. Es gibt keinen besseren Zeitpunkt als jetzt, um aktiv zu werden und deine eigene Geschichte zu schreiben. Lass dich von nichts und niemandem davon abhalten, deine Träume zu verwirklichen. Du hast die Macht, etwas zu bewirken, also nutze sie.

“Nothing is worth more than this day. You cannot relive yesterday. Tomorrow is still beyond your reach.” – Johann Wolfgang von Goethe

"Nichts ist mehr wert als dieser Tag. Du kannst das Gestern nicht wieder erleben. Das Morgen liegt noch außerhalb deiner Reichweite." - Johann Wolfgang von Goethe

Dieser Tag ist eine kostbare Sache. Er ist der einzige, den du je haben wirst, und er bietet dir eine neue Chance, etwas aus dir zu machen. Du kannst nicht in der Vergangenheit leben und du kannst die Zukunft nicht vorhersagen. Genieße also die Gegenwart und mach das Beste daraus.

Dieser Tag ist eine Chance für dich, etwas Sinnvolles zu tun und etwas, das dein Leben und das Leben der Menschen um dich herum positiv verändern wird. Es ist eine Gelegenheit, auf andere zuzugehen, Freundlichkeit und Mitgefühl zu zeigen und etwas zu bewirken.

Der heutige Tag ist auch eine Chance, dich um dich selbst zu kümmern. Nimm dir Zeit, etwas zu tun, das dir Freude macht. Egal, ob du spazieren gehst, schwimmen gehst oder deinem Lieblingshobby nachgehst, achte darauf, dass du dich an den kleinen Dingen erfreust und dir Zeit für dich nimmst.

Heute ist der Tag, an dem du kreativ werden kannst. Denke über den Tellerrand hinaus und lass dir etwas Neues einfallen. Fordere dich heraus, etwas Neues auszuprobieren und Risiken einzugehen. Die Angst vor dem Scheitern ist natürlich und verständlich, aber lass dich nicht davon abhalten, dein volles Potenzial auszuschöpfen.

Dieser Tag ist auch eine Chance zu träumen. Stell dir vor, wie ein perfektes Leben für dich aussehen würde. Wie würde es sein, alles zu haben? Visualisiere, was du willst, und glaube daran, dass alles möglich ist.

Der heutige Tag soll dich daran erinnern, dass das Leben kurz ist und dass die Zeit vergeht. Warte nicht auf morgen, um dein Leben in vollen Zügen zu genießen. Schätze die Gegenwart und die Schönheit des Augenblicks.

Nichts ist so wertvoll wie dieser Tag. Mach das Beste aus ihm und lebe dein bestes Leben.

"Almost everything will work again if you unplug it for a few minutes. Including you." – Anne Lamott

"Fast alles wird wieder funktionieren, wenn du den Stecker für ein paar Minuten aus der Steckdose ziehst. Auch du." - Anne Lamott

Das Leben kann überwältigend sein. Wir alle erleben Zeiten, in denen sich unser Verstand dreht und unsere Gefühle in Aufruhr sind. Wir fühlen uns überwältigt, erschöpft und unfähig, einen Weg nach vorne zu finden. Wir können uns so sehr im Sumpf des Lebens verfangen, dass wir die Kraft einer Pause vergessen.

Das obige Zitat von Anne Lamott zeigt, wie wichtig es ist, eine Pause zu machen. Die Wahrheit ist, dass sich fast alles verbessern lässt, wenn man sich eine Auszeit gönnt. Das gilt besonders für uns Frauen. Wir neigen dazu, die Last der Welt auf unseren Schultern zu tragen und vergessen oft, tief durchzuatmen und uns eine Pause zu gönnen.

Wenn du dich also gerade vom Leben überwältigt fühlst, nimm dir einen Moment Zeit, um den Stecker zu ziehen. Entferne dich von deinen Verpflichtungen und gönne dir eine Pause. Nimm dir ein paar Minuten Zeit, um etwas zu tun, das dir Freude macht. Höre deine Lieblingsmusik, mache einen Spaziergang in der Natur oder lese ein Buch. Nimm dir eine Auszeit und gib dir die Möglichkeit, dich zu erfrischen und neue Energie zu tanken.

Wenn du eine Pause einlegst, hast du die Möglichkeit, die Situation, die dich stresst, aus einer neuen Perspektive zu betrachten. Vielleicht findest du eine Lösung, an die du noch nicht gedacht hast, oder du gewinnst die Klarheit, um weiterzumachen. Vielleicht stellst du auch fest, dass die Pause dir hilft, dich wieder mit deiner Lebensaufgabe und deinen Leidenschaften zu verbinden.

Wenn du dir eine Auszeit nimmst, ist es wichtig, dass du dir bewusst machst, dass dies kein Zeichen von Schwäche ist. Es ist ein Zeichen von Stärke. Es ist ein Akt der Selbstfürsorge, der zeigt, dass du bereit bist, dir Zeit für dich selbst zu nehmen und dafür zu sorgen, dass dein geistiges und emotionales Wohlbefinden erhalten bleibt. Es ist ein Akt der Selbstliebe, der dir helfen wird, mit größerer Klarheit und Stärke voranzukommen.

Wenn du dich also überfordert fühlst, nimm dir ein paar Minuten Zeit, um abzuschalten und dir eine Pause zu gönnen. Du wirst erstaunt sein, was für einen Unterschied das machen kann.

"The only way to live is by accepting each minute as an unrepeatable miracle." – Tara Brach

"Der einzige Weg zu leben ist, jede Minute als ein unwiederholbares Wunder zu akzeptieren." - Tara Brach

Im Leben kann man leicht vergessen, dass jeder Moment eine wertvolle Gelegenheit ist, das Leben zu erleben, Freude zu empfinden und etwas zu bewirken. Allzu oft verbringen wir unsere Tage damit, durch das Leben zu rasen, Aufgaben zu erledigen und Termine einzuhalten, ohne all das, was das Leben zu bieten hat, wirklich zu schätzen. Wie Tara Brach es so schön formuliert hat: "Der einzige Weg zu leben ist, jede Minute als unwiederholbares Wunder zu akzeptieren."

Es ist so wichtig, sich Zeit zu nehmen, um die kleinen Momente im Leben zu schätzen. Die Schönheit des Sonnenaufgangs zu genießen, über die Komplexität einer Schneeflocke zu staunen, das Lachen von Freunden zu genießen. Tief durchzuatmen, das Gute in jedem Moment zu erkennen und alles, was das Leben zu bieten hat, in vollen Zügen zu genießen.

Wenn wir mit einem Gefühl der Wertschätzung für

jeden Moment leben, können wir Freude in der Gegenwart und Hoffnung für die Zukunft finden. Wir können Kraft und Mut finden, um vorwärts zu gehen, weil wir wissen, dass das Leben eine wunderschöne, sich ständig verändernde Reise ist. Wir können uns für die Möglichkeiten des Lebens öffnen und dankbar sein für alles, was wir haben.

Deshalb, liebe Leserin, lieber Leser möchte ich dich ermutigen, dir jeden Tag einen Moment Zeit zu nehmen, um innezuhalten, nachzudenken und das Wunder des Lebens und alles, was es zu bieten hat, anzunehmen. Atme tief durch und erinnere dich daran, dass das Leben ein Geschenk ist und jeder Moment eine Chance ist, etwas Positives zu bewirken. Lebe in der Gegenwart und schätze jeden Moment als ein unwiederholbares Wunder.

“Sometimes the bad things that happen in our lives put us directly on the path to the best things that will ever happen to us.” – Nicole Reed

"Manchmal bringen uns die schlechten Dinge, die in unserem Leben passieren, direkt auf den Weg zu den besten Dingen, die uns je passieren werden." - Nicole Reed

Es ist leicht zu vergessen, dass die unvermeidlichen Herausforderungen und Kämpfe des Lebens uns zu unseren größten Erfolgen und Freuden führen können. Wir konzentrieren uns oft so sehr auf die Schwierigkeiten in unserem Leben, dass wir vergessen, nach dem Silberstreif zu suchen. Wenn das Leben uns Steine in den Weg legt, ist es wichtig, sich daran zu erinnern, dass manchmal die schlechten Dinge, die in unserem Leben passieren, uns direkt auf den Weg zu den besten Dingen bringen, die uns jemals passieren werden.

Egal, wie schwierig die Dinge im Moment erscheinen mögen, es ist wichtig, sich auf die Zukunft und die Möglichkeiten zu konzentrieren, die sich uns bieten. Wir müssen daran glauben, dass bessere Tage vor uns liegen, auch wenn es im Moment hart und schwierig sein kann. Es ist wichtig, sich daran zu erinnern, dass unsere schwierigen Zeiten nur vorübergehend sind und dass noch bessere Zeiten kommen werden.

Es ist auch wichtig, dass wir uns die Zeit nehmen, über die Lektionen nachzudenken, die uns unsere Kämpfe gelehrt haben. Wenn wir achtsam und offen für die Tatsache sind, dass unsere Herausforderungen zu unseren größten Erfolgen führen können, sind wir in Zukunft besser vorbereitet. Wir müssen auch daran denken, freundlich zu uns selbst zu sein und sanft mit unseren eigenen Gefühlen umzugehen. Es ist in Ordnung, eine Pause einzulegen und sich Zeit zu nehmen, um zu heilen.

Es ist auch wichtig, von einem unterstützenden Netzwerk aus Familie und Freunden umgeben zu sein. Jemanden an deiner Seite zu haben, der dir zuhört und dich aufrichtet, kann in schwierigen Zeiten eine große Kraftquelle sein. Suche nach den Menschen, die Freude und Licht in dein Leben bringen, und lass sie wissen, wie sehr du sie schätzt.

Erinnere dich daran, dass es immer Hoffnung auf ein besseres Morgen gibt, auch wenn die Dinge dunkel erscheinen. Vergiss nie die Kraft einer positiven Einstellung und dass selbst die schwierigsten Zeiten uns zu unseren größten Erfolgen führen können.

"Each morning we are born again. What we do today is what matters most." – Buddha

"Jeden Morgen werden wir neu geboren. Was wir heute tun, ist das Wichtigste." - Buddha

Guten Morgen, meine Freundin! Es ist ein neuer Tag, voller Versprechen und Potenzial. Um das Beste aus diesem Tag zu machen, müssen wir uns auf das konzentrieren, was wichtig ist, und aktiv werden.

Es ist leicht, in unserem täglichen Leben selbstzufrieden zu werden, sich im Alltäglichen zu verlieren und zu vergessen, nach etwas Größerem zu streben. Aber wir müssen uns daran erinnern, dass jeder Tag ein Neuanfang ist und dass wir die Macht haben, unser Leben positiv zu verändern. Es liegt an uns, unsere wahre Bestimmung zu finden und etwas in der Welt zu bewirken.

Lasst uns also heute mutig sein und etwas unternehmen. Lasst uns uns selbst gegenüber der Verpflichtung eingehen, mit Absicht zu leben. Risiken einzugehen und Entscheidungen zu treffen, die uns unseren

Zielen näherbringen. Wir wollen das Beste aus jedem Tag machen und unser bestes Selbst sein.

Lasst uns keine Angst vor dem Scheitern haben, denn wenn wir fallen, lernen wir oft am meisten. Lasst uns keine Angst vor Veränderungen haben, denn nur durch sie können wir wachsen. Lasst uns keine Angst vor dem Unbekannten haben, denn darin liegen die größten Chancen.

Heute ist ein neuer Tag, und es liegt an uns, unsere eigene Zukunft zu gestalten. Lass uns diesen Tag nutzen, um das Leben zu gestalten, das wir uns wünschen, um unser höchstes Potenzial auszuschöpfen und um einen positiven Einfluss auf die Welt zu nehmen.

Jeder Tag ist eine Chance, etwas zu bewirken. Lasst uns diese Gelegenheit nicht vergeuden. Lasst uns diesen Tag nutzen.

“Mindfulness meditation doesn’t change life. Life remains as fragile and unpredictable as ever. Meditation changes the heart’s capacity to accept life as it is.” – Sylvia Boorstein

"Achtsamkeitsmeditation verändert das Leben nicht. Das Leben bleibt so zerbrechlich und unvorhersehbar wie immer. Meditation verändert die Fähigkeit des Herzens, das Leben so zu akzeptieren, wie es ist." - Sylvia Boorstein

Willkommen, liebe Leserin, lieber Leser, du bist über ein wichtiges Zitat gestolpert, das von der Kraft der Achtsamkeitsmeditation spricht. Es stimmt, dass das Leben unvorhersehbar und zerbrechlich sein kann, aber Meditation kann ein mächtiges Werkzeug sein, das uns hilft, diese Wahrheit zu akzeptieren.

In unserer Gesellschaft werden wir ständig mit Botschaften bombardiert, die uns sagen, dass wir nach mehr streben, besser sein und unsere Träume verwirklichen sollen. Auch wenn diese Botschaften motivierend und inspirierend sein können, ist es wichtig, sich daran zu erinnern, dass das Leben nicht immer nach Plan verläuft.

Die Achtsamkeitsmeditation ermöglicht es uns, einen Schritt zurückzutreten und unsere Gedanken, Gefühle und Erfahrungen zu beobachten, ohne sie zu bewerten. Sie hilft uns, ein tiefes Gefühl der Selbsterkenntnis und Akzeptanz von uns selbst und unserem Leben zu entwickeln. Diese Praxis kann uns helfen, unsere Erfahrungen besser zu verstehen und eine mitfühlendere Beziehung zu uns selbst aufzubauen.

Wenn wir uns die Zeit nehmen, Achtsamkeitsmeditation zu praktizieren, können wir anfangen, das Leben so zu schätzen, wie es ist. Wir können lernen, präsent zu sein und die Momente zu schätzen, egal wie groß oder klein sie sind. Wir können lernen, die Dinge zu akzeptieren, die wir nicht ändern können, und Frieden im gegenwärtigen Moment zu finden.

Achtsamkeitsmeditation kann uns auch helfen, auf die Herausforderungen des Lebens mit mehr Klarheit und Verständnis zu reagieren. Wir können lernen, unsere Gedanken und Gefühle zu beobachten, ohne uns in ihnen zu verfangen. Wir können uns die Zeit nehmen, uns zu fragen, was wir in einem bestimmten Moment wirklich brauchen, und Entscheidungen treffen, die aus einer konzentrierteren Haltung heraus getroffen werden.

Deshalb lade ich dich, liebe Leserin, lieber Leser, ein, dir jeden Tag ein paar Momente Zeit zu nehmen, um Achtsamkeitsmeditation zu praktizieren und mit dir selbst in Verbindung zu treten. Erlaube dir, präsent und offen für das Leben zu sein, wie es ist. Du wirst erstaunt sein, wie sehr du dich verbundener und kraftvoller fühlen wirst.

Denke daran, dass Achtsamkeitsmeditation das Leben nicht verändert. Das Leben bleibt so zerbrechlich und unvorhersehbar wie immer. Die Meditation verändert die Fähigkeit des Herzens, das Leben so zu akzeptieren, wie es ist.

Atme tief durch und vertraue darauf, dass du die Fähigkeit hast, den gegenwärtigen Moment zu akzeptieren und Frieden zu finden.

Namaste.

"You can't stop the waves but you can learn how to surf" – Jon Kabat-Zinn

"Du kannst die Wellen nicht aufhalten, aber du kannst lernen, wie man surft" - Jon Kabat-Zinn

Ich lade dich ein, dir einen Moment Zeit zu nehmen und über die Kraft dieses Zitats nachzudenken.

Im Leben wird es immer Wellen der Unsicherheit, Schwierigkeiten und Herausforderungen geben. Es ist leicht, sich vom Chaos des Lebens mitreißen zu lassen und sich überwältigt zu fühlen. Aber es gibt einen anderen Weg. Du kannst lernen, wie man surft.

Die Kunst des Surfens zu erlernen, kann eine große Veränderung bedeuten. Es erfordert Mut, Stärke und die Bereitschaft, Risiken einzugehen. Außerdem musst du lernen, die Wellen zu lesen und im Gleichgewicht zu bleiben. Wenn du dich wohler fühlst, kannst du größere Risiken eingehen und mehr inneres Gleichgewicht finden.

Als Frau hast du eine einzigartige Kraft und Stärke. Es ist möglich, diese Kraft zu nutzen und zu lernen, wie man auf den Wellen des Lebens surft. Du kannst lernen, dein Leben selbst in die Hand zu nehmen, egal in welchen schwierigen Situationen du dich befindest.

Du kannst lernen, widerstandsfähig zu sein. Die Ungewissheit zu umarmen und die Herausforderung anzunehmen. Du kannst lernen, im Angesicht von Widrigkeiten stark zu sein. Mutig zu sein und Risiken einzugehen. Ausgeglichen und geerdet zu bleiben, selbst inmitten des Chaos.

Die Fähigkeit des Surfens kann dir helfen, inneren Frieden und Zufriedenheit zu finden. Du kannst lernen, den Wellen ausgeliefert zu sein und trotzdem die Macht zu haben, Entscheidungen zu treffen und dein Leben selbst zu bestimmen. Du kannst lernen, dir selbst und deinen Instinkten zu vertrauen.

Deshalb möchte ich dich ermutigen, das Risiko einzugehen und zu lernen, wie man surft. Finde einen Weg, mit den Wellen des Lebens umzugehen und auf der anderen Seite gestärkt und selbstbewusst herauszukommen. Du kannst es schaffen. Du hast die Macht, die Kontrolle zu übernehmen und etwas in deinem Leben zu verändern.

“Paradise is not a place; it’s a state of consciousness.” – Sri Chinmoy

"Das Paradies ist kein Ort; es ist ein Bewusstseinszustand." - Sri Chinmoy

Es ist an der Zeit, einen Schritt zurückzutreten und darüber nachzudenken, was im Leben wirklich zählt. Lebst du dein Leben in vollen Zügen oder drehst du dich im Kreis und versuchst, über die Runden zu kommen?

Halten wir inne und atmen wir tief durch. Stell dir eine Welt ohne Grenzen vor, eine Welt, in der du sein kannst, wer du sein willst, eine Welt, in der du dir dein eigenes Paradies schaffen kannst.

Um das Paradies zu erleben, musst du nicht an ein exotisches Ziel reisen oder einen langen Urlaub machen. Das wahre Paradies liegt in uns selbst. Es ist ein Zustand des Geistes. Es ist ein Ort des inneren Friedens und der Harmonie.

Wenn du mit deinem inneren Wesen verbunden bist, kannst du ein Gefühl der Freude und Zufriedenheit erleben, egal was in der Außenwelt passiert. Wenn du in diesem Zustand bist, bist du im Paradies.

Die Reise zu diesem inneren Paradies beginnt mit der Selbsterkenntnis. Du musst achtsam mit deinen Gedanken, Gefühlen und Handlungen umgehen. Wenn du dir deines inneren Zustands bewusst bist, kannst du anfangen, Frieden und Freude von innen heraus zu kultivieren.

Nimm dir die Zeit, still zu sein und dich mit dir selbst zu verbinden. Erlaube dir, offen zu sein für all die Möglichkeiten, die das Leben zu bieten hat. Dann kannst du anfangen, dein eigenes Paradies zu schaffen.

Denke daran, dass das Paradies kein Ort ist, sondern ein Bewusstseinszustand. Du kannst es in dir selbst finden und es in deinem Leben erschaffen.

Lass uns also das Leben bewusst leben, unser eigenes Paradies erschaffen und jeden Moment nutzen.

"When I'm hungry, I eat what I love. When I'm bored, I do something I love. When I'm lonely, I connect with someone I love. When I feel sad, I remember that I am loved."— Michelle May

"Wenn ich hungrig bin, esse ich, was ich liebe. Wenn mir langweilig ist, tue ich etwas, das ich liebe. Wenn ich einsam bin, treffe ich mich mit jemandem, den ich liebe. Wenn ich traurig bin, erinnere ich mich daran, dass ich geliebt werde."
- Michelle May

Es ist leicht zu vergessen, wie mächtig die Liebe sein kann. In unserem Alltag können wir oft überfordert sein, uns einsam fühlen und von Traurigkeit überwältigt werden. Aber es ist wichtig, sich daran zu erinnern, dass die Liebe immer da ist, selbst in den dunkelsten Zeiten.

Dieses Zitat erinnert uns daran, dass die Liebe der Grundstein für alles sein sollte, was wir tun. Wenn wir hungrig sind, wende dich dem Essen zu, das du liebst. Wenn du dich langweilst, tue etwas, das du liebst. Wenn du dich einsam fühlst, wende dich an jemanden, den du liebst. Und wenn du dich niedergeschlagen fühlst, denke daran, dass du geliebt wirst. Die Liebe hat die Kraft, uns zu verbinden, zu inspirieren und zu motivieren. Sie kann uns Kraft geben, wenn wir sie am meisten brauchen. Sie kann die Brücke zwischen uns und unseren Zielen sein. Sie kann das Licht sein, das uns aus der Dunkelheit führt.

Liebe ist nichts, was wir als selbstverständlich ansehen sollten. Sie ist ein kostbares Gefühl, das wir hegen und pflegen sollten. Nimm dir jeden Tag ein paar Minuten Zeit, um die Menschen und Dinge in deinem Leben zu schätzen, die du liebst. Lass sie dich mit Kraft und Mut erfüllen. Sie sollen dich daran erinnern, dass du nie allein bist.

Du wirst geliebt. Du bist wertvoll. Und du bist all der Liebe würdig, die das Leben zu bieten hat.

“In today’s rush, we all think too much–seek too much–want too much–and forget about the joy of just being.” — Eckhart Tolle

"In der heutigen Hektik denken wir alle zu viel - suchen zu viel - wollen zu viel - und vergessen die Freude, einfach nur zu sein."
- Eckhart Tolle

In der heutigen Hektik kann man leicht vergessen, worum es im Leben eigentlich geht. Wir denken vielleicht, dass wir mehr erreichen, mehr tun und mehr sein müssen, um erfolgreich und glücklich zu sein. Aber die Wahrheit ist, dass Glück kein Ziel ist, sondern eine Reise.

Liebe Freundin, lieber Freund, es ist an der Zeit, einen Schritt zurückzutreten und sich daran zu erinnern, was es bedeutet, einfach nur zu sein. Die Schönheit des gegenwärtigen Moments zu schätzen, egal wie klein oder scheinbar unbedeutend er ist. Zu erkennen, dass wir mehr sind als das, was wir tun, oder das, was wir haben. Mit Absicht zu leben und die schönen Momente des Lebens zu genießen.

Wenn wir innehalten und uns auf das konzentrieren, was am wichtigsten ist, finden wir Freude. Freude an den einfachen Dingen, von einem Spaziergang in der Natur bis zu einer Tasse Kaffee mit einem Freund. Freude an den kleinen Dingen, von einem tiefen Atemzug frischer Luft bis hin zu einem guten Buch. Freude an jedem Tag, von einem sonnenverwöhnten Morgen bis zu einer sternenklaren Nacht.

Fang an, im Jetzt zu leben und kultiviere ein tiefes Gefühl der Wertschätzung für den gegenwärtigen Moment. Wenn wir uns darin üben, präsent zu sein, können wir Freude am Leben finden, egal unter welchen Umständen. Lass das Bedürfnis, zu hetzen und zu streben, los und genieße stattdessen die Freude, einfach nur zu sein.

Wir alle haben es in der Hand, ein Leben mit Sinn und Freude zu führen. Es fängt damit an, einen einfachen Schritt zu tun - die Hektik loszulassen und sich an die Freude des Seins zu erinnern.

Positives Denken

Positives Denken kann unser Leben und unser Wohlbefinden beeinflussen. Wenn wir uns auf positive Gedanken und Einstellungen konzentrieren, können wir positive Ergebnisse erzielen und unser Glück und unsere Zufriedenheit insgesamt verbessern.

Positives Denken ist eine mentale und emotionale Einstellung, die sich auf die positive Seite des Lebens konzentriert und erwartet, dass gute Dinge passieren. Es basiert auf der Idee, dass unsere Gedanken und Einstellungen unsere Realität formen können und dass wir durch die Konzentration auf das Positive positive Ergebnisse erzielen können.

Positives Denken hat viele Vorteile. Es kann unsere geistige und körperliche Gesundheit verbessern, unsere Widerstandskraft und unsere Bewältigungsfähigkeiten steigern und unser allgemeines Wohlbefinden verbessern. Es kann uns auch dabei helfen, stärkere Beziehungen aufzubauen, bei der Arbeit produktiver zu sein und unsere Ziele zu erreichen.

Es ist jedoch wichtig zu wissen, dass positives Denken nicht bedeutet, negative Gedanken und Gefühle zu ignorieren oder zu leugnen. Es geht darum, ein Gleichgewicht zu finden und nicht in negativen

Denkmustern stecken zu bleiben. Es geht auch nicht darum, blindlings zu glauben, dass alles immer gut sein wird, denn das ist nicht realistisch. Stattdessen geht es darum, den Silberstreif zu finden und in jeder Situation das Gute zu sehen.

Es gibt verschiedene Möglichkeiten, positives Denken zu praktizieren. Eine Möglichkeit ist, sich auf Dankbarkeit zu konzentrieren. Indem wir uns die Zeit nehmen, die guten Dinge in unserem Leben zu würdigen, können wir unseren Fokus vom Negativen auf das Positive lenken. Wir können auch versuchen, negative Gedanken und Erfahrungen in ein positives Licht zu rücken. Anstatt zum Beispiel zu denken: "Das werde ich nie können", können wir versuchen zu denken: "Ich kann das vielleicht nicht sofort, aber ich kann es lernen und mich mit Übung verbessern."

Eine weitere Möglichkeit, positives Denken zu üben, besteht darin, uns mit positiven Menschen und positiven Botschaften zu umgeben. Das kann helfen, positive Denkmuster zu verstärken und Unterstützung und Ermutigung zu geben.

Es ist auch wichtig, dass wir uns um uns selbst kümmern und der Selbstfürsorge Vorrang einräumen.

Dazu gehört, dass wir ausreichend schlafen, regelmäßig Sport treiben und uns gesund ernähren. Wenn wir uns um uns selbst kümmern, kann das unser allgemeines Wohlbefinden verbessern und es leichter machen, eine positive Einstellung beizubehalten.

Zusammenfassend lässt sich sagen, dass positives Denken eine mentale und emotionale Einstellung ist, die sich auf die positive Seite des Lebens konzentriert und erwartet, dass gute Dinge passieren. Es hat viele Vorteile, wie z. B. eine bessere geistige und körperliche Gesundheit, eine höhere Widerstandsfähigkeit und Bewältigungsfähigkeit sowie ein gesteigertes Wohlbefinden. Es ist wichtig, ein Gleichgewicht zu finden und nicht in negativen Denkmustern zu verharren, sich um sich selbst zu kümmern und der Selbstfürsorge Priorität einzuräumen. Indem wir uns auf das Positive konzentrieren und in jeder Situation nach dem Guten suchen, können wir positive Ergebnisse erzielen und unser Glück und unsere Zufriedenheit insgesamt verbessern.

"Be yourself, everyone else is already taken."
- Oscar Wilde

"Sei du selbst, alle anderen sind schon vergeben."
- Oscar Wilde

Es ist leicht, sich von der Welt um uns herum überwältigt und eingeschüchtert zu fühlen. Man vergisst leicht, dass man selbst zu sein das Wichtigste ist, was man tun kann. Man vergisst leicht, dass man, egal wie sehr man versucht, wie jemand anderes zu sein, nie in der Lage sein wird, die Persönlichkeit, die Erfahrungen und die Geschichten der anderen genau nachzuahmen.

Du bist einzigartig. Du bist besonders. Du bist du selbst. Es gibt niemanden auf der Welt, der so ist wie du. Deshalb ist es so wichtig, dass du dich daran erinnerst, dass es deine eigene Persönlichkeit, deine Erfahrungen und deine Geschichten sind, die dich von allen anderen unterscheiden.

Du musst den Mut haben, du selbst zu sein und stolz darauf zu sein, wer du bist. Hab keine Angst, dich und deine Meinung zu äußern. Hab keine Angst, Fehler zu machen und daraus zu lernen. Hab keine Angst, Risiken einzugehen und neue Möglichkeiten zu erkunden.

Dein Leben gehört dir und du bist der Autor deiner eigenen Geschichte. Du hast die Macht, deine Träume und Ziele zu verwirklichen. Du hast die Macht, etwas in der Welt zu bewegen.

Lass dich also nicht entmutigen. Hab keine Angst, du selbst zu sein. Nimm an, wer du bist, und mach das Beste aus deinem Leben. Du bist erstaunlich und zu erstaunlichen Dingen fähig. Lass dir von niemandem etwas anderes einreden.

Sei du selbst, sei stolz und vergiss nie, dass du einzigartig und besonders bist. Denk daran, dass alle anderen schon vergeben sind.

"Life is like a bicycle. To keep your balance, you must keep moving." - Albert Einstein

"Das Leben ist wie ein Fahrrad. Um dein Gleichgewicht zu halten, musst du in Bewegung bleiben." - Albert Einstein

Das Leben ist tatsächlich wie ein Fahrrad. Um dein Gleichgewicht zu halten, musst du in Bewegung bleiben. Manchmal kann es sich überwältigend anfühlen, in Bewegung zu bleiben, aber es ist wichtig, sich daran zu erinnern, dass es sich lohnt, weiterzumachen.

Es ist nicht leicht, sich der Welt und all ihren Herausforderungen zu stellen, aber ich glaube, dass du es schaffen kannst. Du hast die Kraft, den Mut und die Entschlossenheit, es durchzustehen, egal wie hart es scheinen mag. Hab Vertrauen in dich selbst und vertraue auf den Prozess. Die Reise des Lebens ist voller unerwarteter Wendungen, die dich entweder vorantreiben oder zum Stillstand bringen können.

Das Wichtigste ist, dass du konzentriert bleibst und niemals aufgibst. Glaube an deine eigene Kraft und vertraue darauf, dass du es in jeder Situation schaffen wirst. Egal, wie oft du fällst, steh wieder auf und mach weiter. Die Reise des Lebens ist voll von Höhen und Tiefen, aber es liegt an dir, das Beste daraus zu machen.

Gehe Risiken ein und mache Fehler. Triff Entscheidungen, auf die du stolz bist. Und vor allem: Geh immer weiter. Das Leben ist eine Reise, und es liegt an dir, das Beste daraus zu machen.

"Keep your face to the sunshine and you cannot see a shadow." - Helen Keller

"Halte dein Gesicht in den Sonnenschein und du kannst keinen Schatten sehen." - Helen Keller

Dieses Zitat verkörpert die Kraft der Positivität und die Bedeutung des Blicks auf die Sonnenseite des Lebens.

Wenn wir uns auf das Positive konzentrieren, öffnen wir unser Herz und unseren Verstand für neue Möglichkeiten. Wenn wir uns auf das Positive konzentrieren, können wir unsere kreativsten, innovativsten und motiviertesten Persönlichkeiten sein. Wir werden fähig, von Größerem zu träumen und unsere Ziele mit Begeisterung und Hingabe anzugehen.

Manchmal kann es schwierig sein, positiv zu bleiben, wenn wir mit herausfordernden Situationen konfrontiert werden. Es kann leicht sein, von negativen Gedanken und Gefühlen überwältigt zu werden. Aber es ist wichtig, sich daran zu erinnern, dass jede Wolke einen Silberstreif hat und jeder dunkle Moment irgendwann vorübergeht.

Anstatt dich mit dem Negativen zu beschäftigen, versuche, dein Leben mit guten Dingen zu füllen. Verbringe Zeit mit Menschen, die dich unterstützen und dir ein gutes Gefühl geben. Gehe Aktivitäten nach, die dir Freude bereiten und dir ein Gefühl der Sinnhaftigkeit vermitteln. Höre Musik, die deine Stimmung hebt und deine Gefühle widerspiegelt.

Denke immer daran, dass du die Macht hast, dein Leben zu verändern. Du kannst selbst entscheiden, wie du auf die Widrigkeiten des Lebens reagieren willst. Du kannst dich entscheiden, dich auf die Sonnenseite des Lebens zu konzentrieren. Du kannst dich dafür entscheiden, das Licht zu sein, das dir den Weg durch die Dunkelheit weist.

Also halte dein Gesicht in den Sonnenschein und vergiss nie deine Stärke und Widerstandsfähigkeit.

"For every minute you are angry, you lose sixty seconds of happiness." - Ralph Waldo Emerson

"Für jede Minute, die du wütend bist, verlierst du sechzig Sekunden Glück." - Ralph Waldo Emerson

Dieses Zitat erinnert uns eindringlich daran, wie kostbar und flüchtig unser Glück sein kann.

Es ist so leicht, sich in Momenten der Wut und des Grolls zu verfangen, und ehe man sich versieht, hat man wertvolle Momente der Freude und des Glücks verloren. Der Schlüssel ist, diese Momente zu erkennen, tief durchzuatmen und nach einer Gelegenheit zu suchen, Freude in der Situation zu finden.

In Momenten der Wut ist es wichtig, sich daran zu erinnern, dass das Loslassen negativer Gefühle befreiend sein kann und neue Möglichkeiten eröffnet. Anstatt dich auf den Ärger zu konzentrieren, versuche, dich auf die positiven Aspekte der Situation zu konzentrieren. Suche nach den Dingen, die dir Freude und Glück bringen können.

Es ist auch wichtig, daran zu denken, dass du nicht allein bist. Wir alle erleben Momente der Wut und Frustration. Das ist normal und gehört zum Menschsein dazu. Es ist in Ordnung, diese Gefühle zu empfinden, aber es ist wichtig, sie zu erkennen und weiterzugehen, um Platz für positive Gefühle und Erfahrungen zu schaffen.

Nimm dir einen Moment Zeit, um darüber nachzudenken, wie du Freude in deinem Leben finden kannst. Welche Aktivitäten machen dich glücklich? Welche Beziehungen bringen dir Freude? Nimm dir etwas Zeit, um dich auf diese Dinge zu konzentrieren und sie zu einer Priorität in deinem Leben zu machen.

Denk daran, dass du für jede Minute, in der du wütend bist, sechzig Sekunden Glück verlierst. Verbringe deine Zeit weise und genieße die Momente der Freude und des Glücks, die das Leben zu bieten hat.

"It's not the years of your life that count. It's the life in your years." - Abraham Lincoln

"Es sind nicht die Jahre deines Lebens, die zählen. Es ist das Leben, das in deinen Jahren steckt."
- Abraham Lincoln

Diese Worte von Abraham Lincoln sind eine schöne Erinnerung daran, dass das Leben nicht an den Jahren gemessen wird, sondern an der Lebensqualität, die wir in diesen Jahren leben. Das Leben ist kostbar und hat so viel zu bieten. Du hast es in der Hand, dein Leben mit bedeutungsvollen Momenten und Erfahrungen zu füllen.

Nimm dir einen Moment Zeit, um darüber nachzudenken, was dir am wichtigsten ist. Was möchtest du in deinem Leben erreichen? Worauf möchtest du zurückblicken und stolz sein, wenn du am Ende deines Weges angekommen bist?

Du hast das Potenzial, dein Leben so zu gestalten, wie du es willst. Du hast die Möglichkeit, etwas in der Welt zu bewirken und ein bleibendes Vermächtnis zu hinterlassen. Du hast die Freiheit zu entscheiden, wie du deine Zeit, Energie und Ressourcen einsetzt. Es liegt an dir, zu entscheiden, wie du dein Leben gestalten willst.

Du hast die Macht, ein Leben zu gestalten, das inspirierend und motivierend ist. Du kannst dich auf die Dinge konzentrieren, die dir Freude machen, die dich lebendig fühlen lassen und die dir einen Sinn geben. Du kannst dich dafür entscheiden, bedeutungsvolle Beziehungen zu pflegen und dich mit Menschen zu umgeben, die dein Wachstum und deine Entwicklung unterstützen.

Du kannst dich dafür entscheiden, in jedem Moment präsent zu sein und das Beste aus deinem Leben zu machen. Das Leben ist zu kurz, um es mit Dingen zu vergeuden, die dir keine Freude und Erfüllung bringen. Mache das Beste aus jedem Tag, jeder Stunde und jeder Minute. Mach dein Leben zu etwas Besonderem.

Erinnere dich an die Worte von Abraham Lincoln und sorge dafür, dass du ein Leben mit viel "Leben in deinen Jahren" lebst.

"A winner is a dreamer who never gave up."
- Nelson Mandela

"Ein Gewinner ist ein Träumer, der nie aufgegeben hat." - Nelson Mandela

Wir alle haben Träume und Wünsche, aber nur jemand ganz Besonderes hat den Mut und die Entschlossenheit, niemals aufzugeben und diese Träume zu verwirklichen. Du hast das Potenzial, dieser besondere Mensch zu sein, also gib deine Träume niemals auf.

Du hast die Macht, deine Träume wahr werden zu lassen, und das beginnt damit, dass du an dich selbst glaubst. Glaube an die Kraft deiner Träume und an die Stärke deiner Entschlossenheit. Glaube daran, dass du es schaffen kannst, egal wie schwer es auch sein mag. Glaube daran, dass du stark genug, mutig genug und fähig genug bist, deine Ziele zu erreichen.

Der Weg zum Erfolg wird nicht immer einfach sein. Du wirst mit Herausforderungen und Hindernissen konfrontiert werden, die dich auf die Probe stellen, dir aber auch unschätzbare Lektionen in Sachen

Widerstandsfähigkeit erteilen. Diese Rückschläge werden dich nur stärker und weiser machen und dir das Rüstzeug geben, das du brauchst, um den Erfolg zu erreichen, den du dir wünschst.

Du musst es nicht alleine schaffen. Wende dich an die Menschen in deinem Umfeld und bitte um Hilfe, wenn du sie brauchst. Sei bereit, die Hilfe anderer anzunehmen, und vergiss nicht, denjenigen zu helfen, die sie brauchen.

Der Weg eines Gewinners ist nicht einfach, aber er ist jeden einzelnen Kampf wert. Glaube an dich selbst, gib niemals auf, und du wirst ein Gewinner sein.

"Choose to be optimistic, it feels better."
- Dalai Lama

"Entscheide dich, optimistisch zu sein, es fühlt sich besser an." - Dalai Lama

Wir alle haben unsere Momente des Kampfes, in denen es sich anfühlt, als ob die Welt gegen uns ist und wir keine Pause machen können. Aber ich möchte dich daran erinnern, dass du dich selbst an deinen dunkelsten Tagen dafür entscheiden kannst, optimistisch zu sein.

Optimistisch zu sein bedeutet nicht, dass du die schlechten Dinge, die passieren, ignorieren solltest; es bedeutet einfach, dass du dich auf das Gute und das Potenzial für positive Veränderungen konzentrierst. Es bedeutet, dass du auch im Angesicht von Widrigkeiten darauf vertrauen kannst, dass die Dinge irgendwann besser werden.

Wenn du dich entscheidest, optimistisch zu sein, öffnest du dich für eine Welt der Möglichkeiten. Du erlaubst dir, von einer besseren Zukunft zu träumen und an dich und deine Fähigkeiten zu glauben. Du kannst beginnen, die Chancen zu erkennen, die sich dir bieten, und du kannst anfangen, das Leben zu gestalten, das du dir wünschst.

Optimismus ist eine Lebenseinstellung, die es dir ermöglicht, angesichts von Widrigkeiten stark zu bleiben und dich auf die Aufgaben zu konzentrieren, die zum Erreichen deiner Ziele notwendig sind. Es ist eine Art, an dich selbst zu glauben und an deine Fähigkeit, das Leben zu schaffen, das du dir wünschst.

Also, meine liebe Freundin, wenn du das Gefühl hast, dass das Leben zu schwer zu ertragen ist, entscheide dich dafür, optimistisch zu sein. Sage dir, dass alles besser werden wird, und glaube an dich und deine eigene Kraft, das zu erreichen. Optimismus ist eine Entscheidung, die dir Frieden, Klarheit und Hoffnung bringen kann.

Entscheide dich, optimistisch zu sein, dann geht es dir besser.

"The best time to plant a tree was 20 years ago. The second best time is now."
- Chinese Proverb

"Die beste Zeit, einen Baum zu pflanzen, war vor 20 Jahren. Der zweitbeste Zeitpunkt ist jetzt."
- Chinesisches Sprichwort

Dieses chinesische Sprichwort erinnert uns daran, dass es nie zu spät ist, auf unsere Ziele hinzuarbeiten und positive Veränderungen in unserem Leben vorzunehmen.

Du bist stark, fähig und in der Lage, Großes zu erreichen. Es spielt keine Rolle, ob du das Gefühl hast, in der Vergangenheit Chancen verpasst oder Fehler gemacht zu haben - was zählt, ist, dass du jetzt hier bist, bereit, vorwärts zu gehen und eine bessere Zukunft für dich zu schaffen.

Jetzt ist es an der Zeit, die Kontrolle über dein Leben zu übernehmen und das Beste aus jedem Moment zu machen. Lass dich nicht von Angst oder Zweifeln zurückhalten. Glaube an dich und deine Fähigkeiten und

hab keine Angst, Risiken einzugehen und deinen Leidenschaften nachzugehen.
Du bist der Einzige, der dein Schicksal gestalten kann, also warte nicht länger damit, auf deine Träume hinzuarbeiten. Jeder Tag ist eine neue Chance, zu wachsen und die beste Version von dir selbst zu werden.

Also lass Reue und Zweifel los und genieße den gegenwärtigen Moment. Die Zeit zum Handeln ist jetzt. Du hast die Macht, dir das Leben zu schaffen, das du dir wünschst, und alles beginnt damit, dass du den ersten Samen der Tat pflanzt.

Atme tief durch und lass uns loslegen. Der beste Zeitpunkt, um auf deine Ziele hinzuarbeiten, war vor 20 Jahren, aber der zweitbeste Zeitpunkt ist genau jetzt. Lass uns das Beste daraus machen.

"You only live once, but if you do it right, once is enough." - Mae West

"Man lebt nur einmal, aber wenn man es richtig macht, ist einmal genug." - Mae West

Als Frau liegt es an dir, dein Leben in die Hand zu nehmen und sicherzustellen, dass du es in vollen Zügen lebst. Das Leben ist kostbar und viel zu oft nehmen wir es als selbstverständlich hin. Es gibt keine Garantie für das Morgen, also ist es wichtig, das Beste aus dem Heute zu machen.

Es ist an der Zeit, deinen Träumen nachzugehen und sie in die Tat umzusetzen. Denke darüber nach, was dich glücklich und erfüllt machen würde, und unternimm dann Schritte, um es zu verwirklichen. Vielleicht musst du Risiken eingehen und Opfer bringen, aber am Ende wird es das alles wert sein.

Du hast die Kraft in dir, etwas Erstaunliches aus deinem Leben zu machen. Glaube an dich selbst und habe keine Angst davor, Risiken einzugehen. Das Leben ist zu kurz, um auf Nummer sicher zu gehen, also geh raus und mach etwas aus dir. Lass dich von deinem Ehrgeiz und deiner Ambition treiben und lass dich von nichts aufhalten.

Du kannst dir das Leben deiner Träume erschaffen und es in vollen Zügen leben. Das Leben ist zu kurz, um sich darüber Gedanken zu machen, was die Leute denken oder was die Gesellschaft von dir erwartet. Hab keine Angst, dein wahres Ich zu sein und deine Ziele zu verfolgen. Du hast die Macht, dein Leben zu einem Erfolg zu machen, also lass dir von niemandem etwas anderes einreden.

Denke daran, dass du nur einmal lebst, aber wenn du es richtig machst, ist einmal genug. Nutze den Tag und mach das Beste aus ihm. Du hast die Kraft in dir, etwas Außergewöhnliches zu schaffen und dein Leben erstaunlich zu machen. Verschwende keinen weiteren Moment und ergreife die notwendigen Schritte, um deine Träume wahr werden zu lassen. Geh hinaus und lebe dein Leben in vollen Zügen!

"The key to life when things get tough is to just keep moving. Just keep moving." - Tyler Perry

"Der Schlüssel zum Leben, wenn es schwierig wird, ist, einfach in Bewegung zu bleiben. Einfach in Bewegung bleiben." - Tyler Perry

Wir alle haben Zeiten in unserem Leben, in denen die Dinge schwierig zu werden scheinen und es schwierig sein kann, weiterzumachen. Wir fühlen uns vielleicht überwältigt und erschöpft und wissen nicht, wie wir weitermachen sollen. Aber wie der weise Tyler Perry einmal sagte: "Der Schlüssel zum Leben, wenn es schwierig wird, ist, einfach weiterzugehen.

Egal, wie schwer es auch erscheinen mag, es ist wichtig, weiterzumachen. Auch wenn es sich so anfühlt, als ob du nur kleine Schritte machst, zählt jeder kleine Fortschritt. Du hast die Kraft in dir, alles zu meistern, was das Leben dir vor die Füße wirft. Glaube an dich und daran, dass du es schaffen kannst.

Nimm dir Zeit für dich und vergiss nicht zu atmen. Verbringe Zeit in der Natur oder praktiziere Meditation oder Yoga. Nimm dir eine Auszeit vom Stress der

Welt und konzentriere dich auf dich selbst. Du bist die wichtigste Person in deinem Leben und es ist wichtig, dass du dir selbst etwas Liebe und Freundlichkeit entgegenbringst.

Wir alle haben Momente, in denen unsere Kraft und unser Mut schwinden. Aber es ist wichtig, sich daran zu erinnern, dass du stark und fähig bist. Du hast die Kraft in dir, weiterzumachen und Fortschritte zu machen. Nimm jeden Tag, wie er kommt, und denke daran, dass auch die kleinsten Schritte etwas bewirken können.

Du kannst alles überstehen, was das Leben dir vorsetzt. Bleib einfach in Bewegung und glaube an dich.

"We all have two lives. The second one starts when we realize we only have one."
– Confucius

"Wir alle haben zwei Leben. Das zweite beginnt, wenn wir erkennen, dass wir nur eines haben." - Konfuzius

Wie die weisen Worte von Konfuzius nahelegen, haben wir alle zwei Leben. Das erste ist dasjenige, das ohne Sinn und Zweck gelebt wird, aber das zweite ist dasjenige, das beginnt, wenn wir aufwachen und erkennen, dass das Leben zu kurz ist, um es als selbstverständlich anzusehen.

Mein liebe Freundin, wenn du das Gefühl hast, in einem Trott festzustecken, oder wenn du das Gefühl hast, nicht das Beste aus deinem Leben herauszuholen, ist es an der Zeit, etwas zu ändern. Du kannst damit beginnen, achtsamer mit deinen Gedanken und Gefühlen umzugehen und dir die Zeit zu nehmen, die kleinen Momente zu schätzen, die das Leben so schön machen.

Es ist auch an der Zeit, die Dinge in Angriff zu nehmen, von denen du schon lange träumst. Egal, ob du ein neues Unternehmen gründest, einen Kurs belegst oder ein Risiko eingehst - der einzige Weg, dieses zweite Leben Wirklichkeit werden zu lassen, ist, jetzt damit anzufangen. Lass dich nicht von der Angst vor dem Scheitern davon abhalten, die Schritte in Richtung deines Wunschlebens zu gehen.

Nimm dir Zeit und genieße die Reise. Mit jedem Schritt, den du machst, kommst du dem Leben, von dem du immer geträumt hast, einen Schritt näher. Du hast so viel Potenzial, und du verdienst es, das Beste daraus zu machen.

Also atme tief durch, trete einen Schritt zurück und nimm dir einen Moment Zeit, um das Leben zu schätzen, das du hast. Dies ist dein Leben und deine Zeit, es in vollen Zügen zu genießen. Warte nicht länger. Jetzt ist es an der Zeit, das Leben zu leben, das du willst.

*"It's your outlook on life that counts.
If you take yourself lightly and don't take
yourself too seriously, pretty soon you can find
the humor in our everyday lives. And
sometimes it can be a lifesaver."*
- Betty White

*"Es ist deine Einstellung zum Leben, die zählt.
Wenn du dich selbst leicht nimmst und dich
nicht zu ernst nimmst, kannst du schon bald den
Humor in unserem Alltag finden. Und
manchmal kann das die Rettung sein."*
- Betty White

Nimm dir einen Moment Zeit, um darüber nachzudenken, wie du das Leben siehst. Nimmst du dich selbst immer zu ernst? Bist du zu hart zu dir selbst? Oder schaffst du es, einen Schritt zurückzutreten und den Humor in den kleinen Dingen zu finden?

Egal, wer du bist, das Leben kann manchmal hart sein. Und es ist leicht, sich in den Kämpfen des Alltags zu verlieren. Aber wenn du einen Weg findest, die Stimmung aufzulockern und das Leben mit einer humorvollen Perspektive zu betrachten, dann wirst du feststellen, dass das Leben etwas leichter zu bewältigen ist.

Wenn du den Humor im Leben findest, kann er dir helfen, motiviert und inspiriert zu bleiben. Du wirst eher bereit sein, neue Herausforderungen anzunehmen und Freude an den kleinen Dingen zu finden. Es ist auch ein guter Weg, um mit anderen in Kontakt zu treten, denn Lachen ist eine universelle Sprache.

Nimm dir also einen Moment Zeit, um durchzuatmen und das Leben aus einer unbeschwerten Perspektive zu betrachten. Finde den Humor in deinem täglichen Leben und nimm dich selbst nicht so ernst. Du wirst feststellen, dass du mehr überwinden kannst und dass es sogar lebensrettend sein kann.

Glück & Dankbarkeit

Glück und Dankbarkeit sind zwei starke Kräfte, die unser Leben und unser Wohlbefinden erheblich beeinflussen können. Wenn wir uns glücklich fühlen, neigen wir dazu, unsere Lebensumstände und die Zukunft positiver und hoffnungsvoller zu sehen. Dankbarkeit hingegen hilft uns, die guten Dinge in unserem Leben zu schätzen und sie nicht als selbstverständlich anzusehen.

Aber was genau ist Glück? Manche Menschen glauben, dass Glück eine Kraft ist, die sich unserer Kontrolle entzieht und zufällig einigen Menschen Glück und anderen Unglück bringt. Andere glauben, dass Glück einfach das Ergebnis von Vorbereitung und Gelegenheit ist, die sich zur richtigen Zeit treffen.

Unabhängig davon, welche Ansicht du vertrittst, ist es klar, dass Glück eine wichtige Rolle in unserem Leben spielen kann. Es kann die treibende Kraft hinter einem Lottogewinn, einer Beförderung bei der Arbeit oder dem Fund eines seltenen Objekts sein. Aber Glück kann auch eine negative Kraft sein, die unerwartete Herausforderungen und Rückschläge mit sich bringt.

Trotz der unvorhersehbaren Natur des Glücks gibt es Dinge, die wir tun können, um unsere Chancen auf Glück zu erhöhen. Eine Möglichkeit besteht darin, uns in Situationen zu begeben, in denen wir mit größerer Wahrscheinlichkeit Glück haben werden. Das kann bedeuten, dass wir nach neuen Möglichkeiten suchen, Risiken eingehen oder hart arbeiten, um unsere Fähigkeiten zu verbessern.

Eine andere Möglichkeit, unser Glück zu steigern, ist, eine dankbare Haltung zu kultivieren. Wenn wir dankbar für das sind, was wir haben, sind wir eher mit unserem Leben zufrieden und haben weniger das Gefühl, etwas zu verpassen. Dankbarkeit kann uns auch helfen, stärkere Beziehungen aufzubauen und uns mit anderen verbunden zu fühlen.

Es gibt viele Möglichkeiten, Dankbarkeit zu praktizieren, z. B. das Führen eines Dankbarkeitstagebuchs, das Ausdrücken von Dankbarkeit gegenüber anderen und sich Zeit nehmen, um über die Dinge nachzudenken, für die wir dankbar sind. Manche Menschen finden es hilfreich, sich jeden Tag ein paar Minuten Zeit zu nehmen, um sich darauf zu konzentrieren, wofür sie dankbar sind, während andere es vorziehen, am

Ende jeder Woche oder jedes Monats eine Liste zu erstellen.

Egal, wie du dich entscheidest, Dankbarkeit zu praktizieren, wichtig ist, dass du sie zu einem festen Bestandteil deines Lebens machst. Indem wir regelmäßig Dankbarkeit zeigen und uns auf die guten Dinge in unserem Leben konzentrieren, können wir nicht nur unsere Glücksgefühle und unser Wohlbefinden steigern, sondern auch unsere Beziehungen zu anderen verbessern.

Wenn du dich also das nächste Mal glücklich fühlst, nimm dir einen Moment Zeit, um all die guten Dinge in deinem Leben zu würdigen. Und wenn das Glück nicht auf deiner Seite ist, denk daran, dass du dir dein eigenes Glück durch harte Arbeit und eine dankbare Einstellung schaffen kannst.

"If you don't get out of the box you've been raised in, you won't understand how much bigger the world is." – Angelina Jolie

"Wenn du nicht aus der Kiste herauskommst, in der du aufgewachsen bist, wirst du nicht verstehen, wie viel größer die Welt ist."
– Angelina Jolie

Dieses Zitat erinnert uns eindringlich daran, dass unsere Erfahrungen und Perspektiven oft durch die Grenzen unserer eigenen individuellen Erfahrungen begrenzt sind. Es ist leicht, sich im Vertrauten und Bequemen zu verfangen, aber es ist wichtig, aus unserer Komfortzone herauszutreten, um persönlich zu wachsen und die Weite und Vielfalt der Welt um uns herum zu verstehen.

Als Frau kann es leicht passieren, dass man sich durch gesellschaftliche Erwartungen und Beschränkungen eingeengt fühlt. Aber es ist wichtig, sich daran zu erinnern, dass wir zu so viel mehr fähig sind, als wir vielleicht glauben. Wir haben die Macht, unser eigenes Leben zu gestalten und uns von den Zwängen zu befreien, die uns einschränken.

Also ergreife die Chance und verlasse die „Box", in der du aufgewachsen bist. Entdecke neue Orte, probiere neue Dinge aus und fordere dich heraus, außerhalb der Norm zu denken. Die Welt ist ein riesiger und aufregender Ort, an dem es so viel zu entdecken und zu lernen gibt. Lass dich nicht von Angst oder Zweifeln davon abhalten, dein volles Potenzial auszuschöpfen und alles zu erleben, was das Leben zu bieten hat.

Nimm deine Stärke und deinen Mut an und hab keine Angst, Risiken einzugehen und deinen Leidenschaften zu folgen. Du hast die Macht, das Leben zu gestalten, das du dir wünschst, und die Welt wartet darauf, dass du ihr deinen Stempel aufdrückst. Lass dich von nichts und niemandem zurückhalten. Geh hinaus und lass deine Träume Wirklichkeit werden. Die Welt ist dein, um sie zu erobern.

"Be thankful for what you have; you'll end up having more. If you concentrate on what you don't have, you will never, ever have enough."
– Oprah Winfrey

"Sei dankbar für das, was du hast, und du wirst am Ende mehr haben. Wenn du dich auf das konzentrierst, was du nicht hast, wirst du nie genug haben." – Oprah Winfrey

Oprah Winfreys Worte erinnern uns daran, wie wichtig es ist, dankbar zu sein und sich auf die positiven Aspekte unseres Lebens zu konzentrieren. Es ist leicht, sich in einer Mentalität des Mangels zu verfangen und sich nach mehr zu sehnen, aber das kann oft zu Gefühlen der Unzufriedenheit und des Mangels führen.

Als Frau kann es leicht sein, sich mit anderen zu vergleichen und das Gefühl zu haben, dass es uns in irgendeiner Weise an etwas fehlt. Aber es ist wichtig, sich daran zu erinnern, dass wir alle unterschiedlichen Wege und Erfahrungen haben und dass es weder produktiv noch gesund ist, sich ständig auf das zu konzentrieren, was wir nicht haben. Stattdessen sollten wir uns bemühen, eine Haltung der Dankbarkeit zu kultivieren und die Segnungen und Chancen zu schätzen, die wir haben.

Indem wir uns auf die positiven Aspekte unseres Lebens konzentrieren und unsere Dankbarkeit zum Ausdruck bringen, können wir noch mehr Fülle und Positives in unser Leben ziehen. Es ist ein einfaches, aber wirkungsvolles Konzept: Je mehr wir schätzen, was wir haben, desto mehr haben wir, wofür wir dankbar sein können. Nimm dir also einen Moment Zeit, um über die guten Dinge in deinem Leben nachzudenken, egal wie klein sie dir auch erscheinen mögen. Ein dankbares Herz ist ein glückliches Herz, und Glück ist ansteckend.

Denke daran, dass du stark, fähig und wertvoll bist. Lass dich nicht von negativen Gedanken oder Gefühlen der Unzulänglichkeit zurückhalten. Bekenne dich zu deinen einzigartigen Qualitäten und Talenten und sei dankbar für die Segnungen, die du hast. Die Welt ist voller unendlicher Möglichkeiten, und mit einer dankbaren Einstellung kannst du alles erreichen, was du dir vornimmst.

"Happiness can be found, even in the darkest of times, if one only remembers to turn on the light."
– J.K. Rowling

"Glück kann man auch in den dunkelsten Zeiten finden, wenn man sich nur daran erinnert, das Licht einzuschalten." – J.K. Rowling

Diese Worte von J.K. Rowling, der beliebten Autorin der Harry-Potter-Reihe, sind eine Botschaft der Hoffnung und des Durchhaltevermögens.

Das Leben ist voller Höhen und Tiefen, und es ist normal, dass man sich manchmal überfordert oder entmutigt fühlt. Aber es ist wichtig, sich daran zu erinnern, dass es selbst in den dunkelsten Momenten immer einen Weg nach vorne gibt. Das kann so einfach sein, wie einen Hoffnungsschimmer oder eine positive Einstellung zu finden oder sich die Unterstützung von geliebten Menschen zu holen.

Du hast die Kraft und das Durchhaltevermögen, jedes Hindernis zu überwinden, das sich dir in den Weg stellt. Lass nicht zu, dass Rückschläge dich definieren oder deine Zukunft bestimmen. Nutze sie stattdessen als Chance, zu lernen und zu wachsen, um noch stärker und fähiger zu werden.

Wenn die Dinge also schwierig erscheinen, denke daran, das Licht einzuschalten. Suche nach dem Guten und dem Positiven, selbst inmitten von Herausforderungen. Und vergiss nicht, dich um dich selbst zu kümmern und dein eigenes Glück in den Vordergrund zu stellen. Es ist in Ordnung, Pausen zu machen und sich zu erholen, Dinge zu tun, die dir Freude und Erfüllung bringen.

Du verdienst Glück und eine gute Zukunft. Also, gib nicht auf. Mach weiter und vergiss nicht, das Licht einzuschalten.

"I never met a bitter person who was thankful. Or a thankful person who was bitter." - Nick Vujicic

"Ich habe noch nie einen verbitterten Menschen getroffen, der dankbar war. Oder eine dankbare Person, die verbittert war."
- Nick Vujicic

Wie die weisen Worte von Nick Vujicic nahelegen, kann Dankbarkeit der Schlüssel zu einem positiveren Leben sein. Es ist leicht, sich in den Kleinigkeiten des Lebens zu verlieren und zu vergessen, all das Gute um uns herum zu schätzen. Aber als Frau in der heutigen Welt hast du jedes Recht, dankbar zu sein.

Denk an all die Fortschritte, die wir im Laufe der Jahre gemacht haben, und an die großen Sprünge, die wir in Richtung Gleichberechtigung gemacht haben. Heute hast du Zugang zu unglaublichen Möglichkeiten, von denen deine weiblichen Vorfahren nur träumen konnten. Du hast die Macht, dein Leben selbst in die Hand zu nehmen, und das Potenzial, in dieser Welt etwas zu verändern.

Denke daran, dir Zeit zu nehmen, um die kleinen Dinge im Leben zu schätzen. Bedanke dich für die einfachen Freuden, die das Leben lebenswert machen. Nimm dir einen Moment Zeit, um die Menschen zu würdigen, die für dich da waren und dich unterstützt haben. Erkenne die Schönheit der Natur und der Welt um dich herum an.

Und vergiss nie, für dich selbst dankbar zu sein. Du bist stark, fähig und widerstandsfähig. Du hast Hindernisse überwunden und bist auf der anderen Seite als eine bessere, gestärkte Frau hervorgegangen. Du solltest stolz auf alles sein, was du erreicht hast, und auf die Kraft, die es dich gekostet hat, so weit zu kommen.

Nimm dir also einen Moment Zeit, um dankbar zu sein. Du hast so viel, wofür du dankbar sein kannst. Finde einen Weg, deine Wertschätzung auszudrücken, und vergiss nicht, deine Segnungen zu zählen. Du wirst erstaunt sein, wie sehr sich deine Lebenseinstellung verbessern kann, wenn du dich auf das Gute im Leben konzentrierst. Lass dich von deiner Dankbarkeit leiten und du wirst feststellen, dass das Leben mit einer dankbaren Haltung noch süßer ist.

"It's a funny thing about life, once you begin to take note of the things you are grateful for, you begin to lose sight of the things that you lack." - Germany Kent

"Es ist eine lustige Sache im Leben: Sobald du anfängst, dir die Dinge zu merken, für die du dankbar bist, verlierst du die Dinge aus den Augen, die dir fehlen." - Germany Kent

Wie Germany Kent so wortgewandt sagte, ist es eine lustige Sache mit dem Leben. Wenn wir uns die Zeit nehmen, die Dinge, die wir haben, wahrzunehmen und zu schätzen, werden wir uns unserer Segnungen bewusster und sehen weniger, was uns fehlt. Als Frau weißt du, dass das Leben mit Höhen und Tiefen, Momenten der Freude und Verzweiflung gefüllt sein kann. Aber wenn du dir die Zeit nimmst, über die guten Dinge in deinem Leben nachzudenken, kannst du ein Gefühl von Frieden und Zufriedenheit entwickeln.

Es kann schwierig sein, sich auf das zu konzentrieren, was gut ist, wenn das Leben dir Blumen zuwirft. Aber wenn du über den gegenwärtigen Moment hinausblickst und erkennst, dass das Leben eine Reise ist, wirst du feststellen, dass du von Momenten der Schönheit und Freude umgeben bist. Ob es das Lächeln eines geliebten Menschen, ein atemberaubender Sonnenuntergang oder ein einfacher Akt der Freundlichkeit ist, diese Momente geben uns die Kraft, weiterzumachen.

Wenn du dir die Zeit nimmst, für den Reichtum in deinem Leben dankbar zu sein, kann dir das helfen, die Dinge ins rechte Licht zu rücken. Wenn du dich auf das Positive konzentrierst, kannst du anfangen, das große Ganze zu sehen und erkennen, dass das Leben zwar herausfordernd sein kann, aber auch mit Momenten der Freude und Liebe gefüllt ist.

Du hast es in der Hand, ein Leben voller Dankbarkeit und Wertschätzung zu gestalten. Wenn du dir die Zeit nimmst, die kleinen Dinge zu bemerken und zu schätzen, wirst du die Schönheit und den Reichtum in deinem Leben besser erkennen können. Und wenn du dir deiner Segnungen bewusster wirst, wirst du feststellen, dass dein Leben mit mehr Freude und Zufriedenheit erfüllt ist.

Nimm dir also die Zeit, innezuhalten und über all das nachzudenken, wofür du dankbar bist. Erlaube dir, im

Moment präsent zu sein, und erkenne die Schönheit und den Reichtum in deinem Leben. Du hast es in der Hand, dir ein Leben voller Freude und Wertschätzung zu schaffen.

"Let us be grateful to people who make us happy; they are the charming gardeners who make our souls blossom." - Marcel Proust

"Lasst uns den Menschen dankbar sein, die uns glücklich machen; sie sind die charmanten Gärtner, die unsere Seelen zum Blühen bringen."
- Marcel Proust

Wir alle haben im Leben Menschen, die uns Freude bereiten und uns das Gefühl geben, vollständig zu sein. Diese Menschen sind wie ein schöner Garten, der uns Glück, Liebe und Inspiration schenkt.

Es ist wichtig, die besonderen Menschen in unserem Leben zu erkennen und unsere Dankbarkeit für sie auszudrücken. Diese Menschen können unsere Familie, Freunde oder sogar Fremde sein, die uns auf irgendeine Weise inspiriert haben. Wir sollten uns die Zeit nehmen, sie anzuerkennen und ihnen dafür zu danken, dass sie unser Leben bereichern und uns helfen uns weiterzuentwickeln.

Es ist auch wichtig, dass wir uns daran erinnern, für uns selbst dankbar zu sein und an unsere eigenen

Fähigkeiten zu glauben. Wir haben die Macht, unser eigenes Leben zu verbessern, und es liegt an uns, unsere eigenen inneren Gärten zu pflegen. Das können wir tun, indem wir uns um unseren Körper und unseren Geist kümmern, indem wir positive Entscheidungen treffen und indem wir uns Ziele setzen und hart daran arbeiten, sie zu erreichen.

Egal, welchen Herausforderungen wir gegenüberstehen, wir können uns dafür entscheiden, positiv zu bleiben, an uns selbst zu glauben und Wege zu finden, unser Leben schöner zu gestalten. Auf diese Weise können wir einen Garten des Wachstums und der Erfüllung schaffen, der uns Freude bereitet und unsere Seele zum Blühen bringt.

Lasst uns also dankbar sein für die Menschen, die uns glücklich machen, und lasst uns an unsere eigene Stärke und unser Potenzial glauben. Lasst uns unsere eigenen Gärten kultivieren und lasst uns die charmanten Gärtner/innen unseres eigenen Lebens sein.

"Let all your thinks be thanks." - W.H. Auden

"Lass alle deine Gedanken Dank sein."
- W.H. Auden

Lass alles, was du hast, Dank sein. Wie oft halten wir inne und erkennen die Segnungen, die wir in unserem Leben haben? Das Leben kann hart und voller Hindernisse sein, aber es ist wichtig, sich auf die kleinen Dinge zu konzentrieren, die uns Freude bereiten und unser Leben lebenswert machen.

Für dich, liebe Leserin, lieber Leser, ist dieses Zitat eine Einladung, innezuhalten und über all die Dinge nachzudenken, die dir Glück und Zufriedenheit bringen. Vielleicht ist es der Klang der zwitschernden Vögel am Morgen oder der Anblick eines wunderschönen Sonnenuntergangs. Vielleicht ist es die warme Umarmung eines geliebten Menschen oder das Lächeln auf dem Gesicht eines Fremden. Was auch immer dir Freude bereitet, erkenne es an und danke dafür.

Sei dankbar für die Möglichkeiten, die dir das Leben bietet, und für die Momente, in denen du gewachsen bist und neue Erkenntnisse gewonnen hast. Schätze die kleinen Errungenschaften, aber auch die großen - denn das sind die Momente, die uns ausmachen und uns zu dem machen, was wir sind.

Nimm dir eine Minute Zeit, um die Menschen, die in dein Leben getreten sind, und die Erfahrungen, die dich geprägt haben, zu schätzen. Du bist ein einzigartiger und wunderbarer Mensch, und es ist wichtig, dass du dir die Zeit nimmst, dir die Anerkennung und Wertschätzung zu geben, die du verdienst.

Lass alles, was du hast, Dank sein. Erkenne die Segnungen in deinem Leben und die vielen Gründe für Dankbarkeit. Schätze die Momente, die dir Freude bereiten, und feiere die Meilensteine, die deinen Fortschritt markieren. Gib dir selbst die Anerkennung, die du verdienst, und dem Leben seine gebührende Dankbarkeit.

“When you rise in the morning, give thanks for the light, for your life, for your strength. Give thanks for your food and for the joy of living. If you see no reason to give thanks, the fault lies in yourself.” – Tecumseh

"Wenn du morgens aufstehst, danke für das Licht, für dein Leben und für deine Kraft. Danke für dein Essen und für die Freude am Leben. Wenn du keinen Grund zum Danken siehst, liegt die Schuld bei dir selbst." - Tecumseh

Guten Morgen! Wenn du an einem neuen Tag aufwachst, hoffe ich, dass du dir einen Moment Zeit nimmst, um über die Worte von Tecumseh nachzudenken. Atme durch und schätze das Licht, das deinen Raum erfüllt, das Leben, mit dem du gesegnet bist, und die Kraft, die in dir liegt. Bedanke dich für die Nahrung, die dich nährt, und für die Lebensfreude, die du heute erleben darfst.

Egal wie herausfordernd der Tag auch sein mag, es ist wichtig, das Gute, das das Leben zu bieten hat, zu erkennen und dafür dankbar zu sein. Wenn wir uns auf

das Positive konzentrieren, kann uns das helfen, motiviert und inspiriert zu bleiben.
Du hast die Macht, etwas in der Welt zu bewirken. Du hast die Macht, einen positiven Einfluss auf die Menschen um dich herum zu nehmen. Mach also das Beste aus dem Tag, der vor dir liegt. Mache das Beste aus dem Leben, das dir gegeben wurde.

Egal, welche Herausforderungen auf dich zukommen, fasse Mut. Du hast den Mut und die Fähigkeit, sie zu überwinden. Nimm dir Zeit, um die kleinen Dinge zu feiern. Nimm dir Zeit, um die Schönheit und das Wunder des Lebens zu schätzen - die Blumen, die Vögel, die Sonnenuntergänge, das Lächeln.

Denke daran, dass es nicht immer einfach ist, Gründe zu finden, um dankbar zu sein, aber wenn du dich auf die Suche nach ihnen machst, werden sie da sein. Erkenne die Geschenke an, die das Leben zu bieten hat, und sei dankbar für sie. Wenn du dich auf Dankbarkeit konzentrierst, wird dein Leben mit Freude und Zufriedenheit erfüllt sein.

Wenn du also heute Morgen aufstehst, nimm dir die Zeit, um zu danken. Sei dankbar für das Licht, dein Leben und deine Kraft. Sei dankbar für das Essen und die Freude am Leben. Nimm dir die Zeit, dankbar zu sein, und du wirst belohnt werden.

“Be thankful for everything that happens in your life; it’s all an experience.” - Roy T. Bennett

"Sei dankbar für alles, was in deinem Leben passiert; es ist alles eine Erfahrung." - Roy T. Bennett

Das Zitat von Roy T. Bennett erinnert uns eindringlich daran, dass alles, was in unserem Leben passiert, egal wie schwierig oder herausfordernd es auch sein mag, eine Erfahrung ist, aus der wir lernen können. Als Frau kann es leicht sein, von den Kämpfen und Nöten des Lebens überwältigt zu werden. Aber wenn wir uns daran erinnern, für jede einzelne Erfahrung dankbar zu sein, können wir sie nutzen, um zu wachsen und stärker zu werden.

Die Macht der Dankbarkeit wird oft unterschätzt, aber ihre Wirkung kann immens sein. Für jede noch so schwierige Erfahrung dankbar zu sein, kann uns ein Gefühl von Frieden und Zufriedenheit vermitteln. Wenn wir dankbar sind, können wir uns für die Möglichkeit des Lernens und des Wachstums öffnen. Das kann uns nicht nur helfen, widerstandsfähiger zu werden, sondern auch mitfühlender und verständnisvoller gegenüber anderen.

Wenn wir für unsere Erfahrungen dankbar sind, fällt es uns auch leichter, in den alltäglichen Momenten Freude zu finden. Jede Erfahrung kann als Segen gesehen werden, egal wie herausfordernd sie auch sein mag. Das kann uns helfen, die Momente in unserem Leben zu genießen, die wirklich wichtig sind.

Wenn du also das nächste Mal eine schwierige Erfahrung machst, denke daran, dafür dankbar zu sein. Es kann leicht sein, sich auf die negativen Aspekte der Erfahrung zu konzentrieren, aber wenn du dir die Zeit nimmst, alles zu schätzen, was du daraus lernen kannst, dann kannst du sie nutzen, um besser und stärker zu werden. Egal wie hart das Leben sein kann, denk daran, dass jede Erfahrung eine Chance ist, zu lernen und zu wachsen. Sei dankbar für sie und nutze sie zu deinem Vorteil.

“The harder I work, the luckier I get.”
- Samuel Goldwyn

"Je härter ich arbeite, desto mehr Glück habe ich."
- Samuel Goldwyn

Diese weisen Worte sind heute so wahr wie eh und je. Als Frau weißt du, wie wichtig harte Arbeit ist und welche Kraft sie mit sich bringt. Du weißt, dass Erfolg kein Selbstläufer ist, sondern etwas, das man sich durch Hingabe, Ausdauer und Entschlossenheit verdient.

Wenn du dich dazu verpflichtest, hart zu arbeiten, eröffnet sich dir die Möglichkeit, Großes zu erreichen. Du eröffnest dir Chancen, die du vorher vielleicht nicht hattest. Du gewinnst das Selbstvertrauen, Risiken einzugehen, weil du weißt, dass du dich angestrengt hast und das Potenzial hast, erfolgreich zu sein.

Du verstehst auch, dass Glück in vielen Formen vorkommt. Es kann die Art von Glück sein, bei der du den perfekten Job oder den perfekten Partner findest. Es kann die Art von Glück sein, bei der du über eine großartige Idee oder ein verborgenes Talent stolperst. Es kann sogar die Art von Glück sein, die dir hilft, eine mögliche Katastrophe in eine kleine Unannehmlichkeit zu verwandeln.

Wie auch immer das Glück aussieht, es ist wichtig, sich daran zu erinnern, dass man es sich durch harte Arbeit verdient. Du musst bereit sein, dich anzustrengen, um dein eigenes Glück zu machen. Setze dir Ziele und bemühe dich, sie zu erreichen. Gehe Risiken ein und lerne aus deinen Fehlern. Arbeite hart und suche nach Möglichkeiten, um zu wachsen.

Wenn du diese Dinge tust, wirst du feststellen, dass das Glück eher auf dich zukommt. Du wirst feststellen, dass du das Potenzial hast, Großes zu erreichen, und dass du dir ein Leben voller Erfolg und Möglichkeiten schaffen kannst.

Nimm dir also einen Moment Zeit, um über die Worte von Samuel Goldwyn nachzudenken, und erinnere dich daran, dass harte Arbeit der Schlüssel ist, um dein Potenzial freizusetzen. Glaube an dich selbst und vertraue darauf, dass du dein eigenes Glück machen kannst. Mit harter Arbeit und Entschlossenheit kannst du dir ein Leben voller Erfolg und Wohlstand schaffen.

“Remember that sometimes not getting what you want is a wonderful stroke of luck.”
- Dalai Lama

"Denke daran, dass es manchmal ein großes Glück ist, nicht zu bekommen, was du willst." - Dalai Lama

Die weisen Worte des Dalai Lama erinnern uns daran, dass die größten Segnungen manchmal in einer Form kommen, die wir nicht erwartet hätten. Wenn wir nicht bekommen, was wir wollen, kann das sogar eine Chance sein, unser Leben neu zu bewerten und etwas Besseres zu finden.

Es kann schwer zu akzeptieren sein, wenn unsere Pläne nicht wie erwartet aufgehen. Es kann entmutigend sein, wenn unsere Ziele nicht erreicht werden und unsere Träume nicht in Erfüllung gehen. Aber es ist wichtig, sich daran zu erinnern, dass dies eine Chance für persönliches Wachstum und Selbstentdeckung sein kann.

Wir sollten uns nicht davor scheuen, unsere Pläne zu ändern, wenn das Unerwartete eintritt. Manchmal ist die alternative Route, die wir am Ende einschlagen, erfüllender als unser ursprünglicher Plan. Er kann unerwartete Türen öffnen und uns zu neuen und aufregenden Möglichkeiten führen.

Wenn du dich das nächste Mal enttäuscht fühlst, erinnere dich an die Worte des Dalai Lama. Anstatt der Frustration nachzugeben, solltest du dies als Chance sehen, einen anderen Weg einzuschlagen und etwas Besseres zu finden.

Nimm dir einen Moment Zeit, um darüber nachzudenken, was du wirklich willst und was das Beste für dich ist. Dann ergreife die Chance und schlage einen neuen Weg ein. Du weißt nie, was für wunderbare Überraschungen hinter der nächsten Ecke auf dich warten könnten.

Haftungsausschluss

Urheberrecht

Impressum

1. Auflage

Kontakt:
Publishing today LLC
4300 Ridgecrest Dr SE
Suite L #897
Rio Rancho
NM 87124

Printed in Poland
by Amazon Fulfillment
Poland Sp. z o.o., Wrocław

16809189R00077